MANUELA ROSS

Marschlandung

»Bringen Sie mir einen Espresso und für meine kindische Freundin den Eisbecher *Pinocchio*.«
Dass der Espresso nicht für mich gedacht war, sagt doch schon alles. Nein? Okay, dann stelle ich mich kurz vor: Gestatten, Maren Christiansen, und ich bin nicht etwa zwölf, sondern zweiunddreißig. Gemeinsam mit meinen Freundinnen Elena und Danni lebe ich in einer schicken Altbauwohnung, mitten in Berlin. Leider tingele ich seit Jahren von Job zu Job und schlittere ständig von einer Katastrophe in die nächste. Durchsetzungsvermögen gehört nun mal nicht zu meinen Stärken. Aber, hey, ich habe ein riesengroßes Herz! Ist das etwa nichts? Och, und verlieben würde ich mich auch ganz gerne mal wieder. Da werde ich wohl dringend etwas ändern müssen …

Maren hat genug! Aber was genau will sie denn eigentlich? Um sich endlich darüber klar zu werden, beschließt sie, ein paar Tage zu ihrem kauzigen Onkel an die nordfriesische Küste zu fahren. Doch anstatt sich mal tüchtig den Wind um die Nase pusten zu lassen, verbringt sie ihre Zeit lieber in Neles traumhaftem Café. Dort schlägt sie sich nicht nur den Magen mit Milchkaffee und köstlichen Torten voll, sondern trifft eine Menge skurriler Leute und den charmanten Abenteurer Henrik. Ach, und da ist ja auch noch ihre alte Ferienliebe Tom. Maren wäre auf jeden Fall nicht Maren, wenn sie selbst in der beschaulichen Provinz nicht wieder über einen ganzen Sack voller Probleme stolpern würde …

Romantische Komödie voller Gegensätze, ungeahnter Möglichkeiten, Freundschaft und Liebe.

Manuela Ross

Marschlandung

Roman

Neuausgabe 2024

Bibliografische Information der Deutschen Nationalbibliothek: Die Deutsche Nationalbibliothek verzeichnet diese Publikation in der Deutschen Nationalbibliografie; detaillierte bibliografische Daten sind im Internet über dnb.dnb.de abrufbar.

Die automatisierte Analyse des Werkes, um daraus Informationen insbesondere über Muster, Trends und Korrelationen gemäß §44b UrhG („Text und Data Mining") zu gewinnen, ist untersagt.

Alle Rechte vorbehalten. Übersetzung, Vervielfältigung, auch auszugsweise, nur mit schriftlicher Genehmigung der Autorin. Personen und Handlung sind frei erfunden, Ähnlichkeiten mit real existierenden Menschen sind rein zufällig und nicht beabsichtigt.

© 2024 Manuela Ross
Erstausgabe 2016 Manuela Ross
Umschlaggestaltung und Titelbild: Patrick Walter, Berlin

Verlag: BoD, Books on Demand GmbH, In de Tarpen 42,
22848 Norderstedt
Druck: Libri Plureos GmbH, Friedensallee 273, 22763 Hamburg

ISBN: 978-3-7597-1515-9

1

Camilla lächelte. Irrte ich mich oder blitzte da Schadenfreude in ihren Augen? Sie schaute wie sonst auch, aber zum ersten Mal fiel mir auf, dass immer etwas Triumphierendes in ihrem Blick mitschwang.

Sie hatte mir doch noch, vor meinem Gespräch mit Schröder, auf dem Weg zum Chefbüro wohlwollend zugezwinkert. Sollte ich mich in meiner Kollegin so getäuscht haben?

Gut, ich arbeitete erst seit vier Monaten in dieser Steuerkanzlei, aber ich war mir sicher, dass Camilla mich mochte. Warum hätte sie sonst so oft in mein Büro kommen, mir Kaffee mitbringen und alles über sich erzählen sollen? Selbst die pikanten Details über die Affäre mit unserem gemeinsamen Chef hatte sie leider genüsslich vor mir ausgebreitet. Diese hatte ich offen gestanden nie hören wollen, damit bloß keine Bilder vor meinem geistigen Auge auftauchten, igitt! Aber wenn sie sich mal wieder bei mir darüber ausgeheult hatte, dass Schröder das Wochenende mit seiner Familie verbringen musste, hatte sie mir einfach so leidgetan. Außerdem war ich nun mal der Typ, dem sich alle anvertrauten, ob ich es wollte oder nicht. Und meistens wollte ich lieber nicht.

Nein, ich tat Camilla unrecht. Warum sollte sie sich über meine fristlose Entlassung freuen? Das machte alles keinen Sinn, schließlich wusste sie genau, dass ich niemals etwas ausgeplaudert hätte (schon allein, weil ich sonst wieder darüber hätte nachdenken müssen ... igitt!).

Sie lächelte mich wahrscheinlich einfach nur aufmunternd an. Das war's. Ich hatte diese Kündigung schließlich meiner eigenen Schusseligkeit zuzuschreiben.

Glücklicherweise hatte Camilla mir bereits das Aus- und Abräumen meines Schreibtisches abgenommen, dazu wäre ich sicherlich nicht in der Lage gewesen und hätte dabei womöglich noch geheult. Sie hatte meine persönlichen Sachen in eine ihrer bunten Plastiktüten gepackt. Schade, im Film gab es dafür immer ganz schicke Kisten. So viel Stil hätte ich mir schon gewünscht. Nicht, dass es irgendetwas an meiner Situation geändert hätte, aber ich hätte mich wenigstens wie eine dieser Karrierefrauen gefühlt, die soeben freigesetzt wurden, dabei immer noch umwerfend gut aussahen und Hoffnung auf eine Mega-Abfindung hatten.

Aber so war es eben: Ich, Maren Christiansen, war nun mal keine dieser toughen Ladys, sondern einfach nur unfähig, einen Job länger als ein paar Monate zu behalten. Vielleicht war es aber auch eine Schnapsidee gewesen, als arbeitslose Journalistin in einem Steuerbüro zu arbeiten. Aber ich dachte ja echt, ich würde mich im Laufe der Zeit einarbeiten. Immerhin hatte ich verschiedene Buchhaltungskurse absolviert.

Tja, aber man konnte sich nicht immer die Rosinen rauspicken. Schließlich musste auch ich von irgendwas meine Schrippen bezahlen und unsere Mädels-WG kostete selbst für Berliner Verhältnisse ein Vermögen.

Berlin war klasse und man kam mit weit weniger Geld aus als in München, wo Elena und ich herkamen.

Allerdings galt auch hier »mit jar nüscht kannste ooch nüscht machen«, wie Danni, unsere Dritte im Bunde, immer treffend sagte.

Ausgerechnet heute hatte meine Lieblingskollegin Caro frei. Sie hätte wenigstens versucht, mich mit einem lockeren Spruch zu trösten, und mich in die Arme genommen. Vermutlich hätte ich aber ihr Büro ohnehin nicht mehr betreten dürfen, so als *unehrenhaft Entlassene*.

Womöglich würde ich gleich von zwei kräftigen Männern, unsanft links und rechts untergehakt, zum Ausgang geleitet. Also machte ich mich lieber mit meiner Tüte, dem darin befindlichen Schokohasen, ein paar Haargummis, meinem Montblanc-Kuli, den ich von Omi zum Studienabschluss bekommen hatte, ein paar ollen Kaffeepads und der tonnenschweren Schneekugel, die mir die Kollegen erst letzte Woche zum Geburtstag geschenkt hatten, schleunigst aus dem Staub.

***

Sie wirbelte durch die nostalgische Drehtür wie ein Herbststurm. Ihr schokobraunes Haar umwehte die schmalen Schultern. Nicht nur die Gäste in der Hotellobby, sondern selbst der Luftstrom schien sich in ihrer Nähe an ein Drehbuch zu halten, umspielte lediglich sanft ihr Gesicht und brachte damit ihre Schönheit einmal mehr zur Geltung. Eine Windmaschine beim Fotoshooting hätte keinen besseren Effekt erzielen können. Als gefragte Fotografin stand sie zwar hinter der Kamera, wäre aber auch davor bestens aufgehoben.

Das war sie. Elena. Meine beste Freundin seit Kindertagen, mit der ich vor ein paar Jahren in die Hauptstadt gezogen war.

Trotz meiner miesen Laune musste ich angesichts dieser Situation grinsen. Mir selber wären die Haare unkontrolliert ins Gesicht geklatscht und ich hätte natürlich unsagbar bescheuert ausgesehen, vor allem mit dieser dämlichen Plastiktüte. Keiner der Hotelgäste hätte mir auch nur eine Sekunde Aufmerksamkeit geschenkt oder gar mit offenem Mund nachgesehen, wie jetzt bei Elena.

Wir verabredeten uns gelegentlich hier unter der bunten Glaskuppel aus sentimentalen Gründen. Dann gönnten wir uns den Afternoon-Tea mit ausgewählten Teesorten und einer altmodischen Etagere voller Köstlichkeiten, weil es uns an die ersten Wochen in Berlin erinnerte.

Damals waren wir von dem gediegenen Luxus, der kosmopolitischen Ausstrahlung und den Gurken-Lachs-Canapés überwältigt gewesen.

Angesichts meiner Lage verzichtete ich heute allerdings auf das prunkvolle Tee-Arrangement und beließ es bei einem herrlich cremigen Milchkaffee.

»Welch ein Auftritt, du Diva.« Ich zwinkerte Elena zu. »Wie du das nur immer hinkriegst.«

Elena umarmte mich gehetzt und drückte mir einen flüchtigen Kuss auf die Wange.

»Hallo, Maren. Übertreib nicht immer so.« Sie zog an ihrem Seidenschal und schwang ihn über die Lehne. Selbst diese banale Bewegung sah schon wieder viel zu elegant aus, um den Blick einfach so von ihr zu lösen.

»Gut, dass du so ein Schatz bist, Elena, sonst würde ich dich für deine Schönheit einfach nur hassen.«

Sie ließ sich in einen der prächtigen Jugendstilsessel sinken. »Kommt jetzt wieder die Leier vom kleinen, hässlichen Entlein?«

Niedergeschlagen seufzte ich.

»Das ist doch alles eine Frage des Blickwinkels«, sagte Elena sanft. »Du bist einfach zu selbstkritisch.«

Nachdenklich runzelte ich die Stirn.

»Blickwinkel. Ha! Als ich heute Morgen nach dem Duschen in den Spiegel gesehen habe, hat mir *mein* Blickwinkel die schonungslose Wahrheit offenbart: Hängebrüste, Hängebacken – nicht nur im Gesicht – und hängende Schultern. Also insgesamt ein deutlicher Abwärtstrend. So ist es nun mal.« Missmutig ließ ich mich tiefer in den Sessel sinken.

Elena warf mir einen bösen Blick zu und beugte sich vor.

»Du spinnst doch! Wir sind schließlich keine zwanzig mehr. Du bist superschlank und hast trotzdem weibliche Proportionen, makellose Zähne und ein hübsches Gesicht.«

Ich wollte protestieren, aber sie fuhr unbeirrt fort.

»Außerdem bist du lustig, kreativ und hast auch intelligenztechnisch einiges auf dem Kasten.«

Sie lehnte sich wieder zurück und winkte dem Kellner.

»Äh, apropos Intelligenz«, ich rutschte auf meinen Pobacken etwas hin und her, »also, da kann ich dir jetzt nicht so ganz zustimmen ... äh ... weißt du ...«

»Drucks nicht so rum. Was ist los?«, fiel mir Elena energisch ins Wort.

»Nun ja, so weit ist es mit meiner Intelligenz offensichtlich nicht her. Schröder hat mich entlassen.«

Elena riss ihre ohnehin schon großen Augen noch weiter auf.

»Was? Der Dreckskerl hat dich rausgeschmissen? Warum das denn?«

»Das sind ja gleich drei Fragen auf einmal?«, kicherte ich und stellte mir die Ü-Ei-Reklame vor.

»Hör auf mit dem Blödsinn!«, polterte Elena streng.

Sie hatte ja recht, das war unpassend. Aber so war ich eben. Selbst in der schlimmsten Situation fiel mir reflexartig irgendeine blöde Bemerkung ein.

»Sorry, aber ich bin irgendwie durch den Wind. Naja, ich habe ja immer gesagt, dass ich kein Faible für dieses ganze Steuer- und Buchhaltungsgedöns habe. Schließlich bin ich Journalistin.«

»Ja, stimmt, aber du hast noch nie in diesem Beruf gearbeitet und angesichts der ganzen Misere im Verlagswesen wird das vorerst auch so bleiben. Du hast doch extra die ganzen Buchhaltungs- und EDV-Kurse absolviert und dabei gar nicht mal so schlecht abgeschlossen.«

Nachdenklich nickte ich.

»Ja, sogar überdurchschnittlich gut«, gab ich zu. »Aber das war ja alles nur theoretisch, und wie wir wissen, sind Theorie und Praxis zwei Paar Schuhe. Ich habe einfach zu viel falsch gemacht.«

Elena schüttelte den Kopf.

»Nein, nein. Das ist doch kein Grund. Nur weil jemand mal einen Fehler macht, kann man ihn nicht einfach so entlassen.«

Schuldbewusst sah ich sie an.

»Wenn ich nur mal *einen* Fehler gemacht hätte, vielleicht, aber das waren zu viele. Und dann habe ich auch noch den Rechnungsausgang eines wichtigen Mandanten falsch verbucht, weshalb die Umsatzsteuererklärung nicht mehr gestimmt hat. Es ist eine existenzbedrohende Nachzahlung auf ihn zugekommen und daraufhin ist er nun abgesprungen.«

Meine Freundin warf die Hände in die Höhe.

»So eine Unverschämtheit!«

Der Kellner, der sich soeben unserem Tisch näherte, zuckte zusammen. Elena riss ihm wortlos die Getränkekarte aus der Hand. Irritiert entfernte er sich wieder.

»Pah! Ex-is-tenz-be-dro-hen-de Nach-zah-lung.« Elena betonte jede Silbe übertrieben. »So ein Quark! Das heißt doch nur, dass er das Geld sowieso hätte zahlen müssen, und zwar schon vorher. Und außerdem: Warum kontrolliert das bei euch niemand? Du bist schließlich keine Steuerfachkraft.«

Schwerfällig ließ ich meinen Kopf hin und her wiegen.

»Naja, nach vier Monaten sollte man das schon beherrschen. Eigentlich bin ich mir sicher, dass ich die Buchungen überhaupt nicht vorgenommen habe. Zumal ich diesen Mandanten normalerweise gar nicht bearbeite. Aber Camilla hat gesagt, dass der Buchungsstapel mit meinem Kürzel versehen war.«

»Na, das will ja nichts heißen. So was lässt sich doch bestimmt manipulieren.«

Verdutzt sah ich Elena an.

»Maren, vielleicht hat das auch jemand anderes

verbockt und will dir das nun in die Schuhe schieben. Du hast doch schon öfters erzählt, dass Camilla – dieser Name allein – immer etwas an deiner Arbeit auszusetzen hat. Anfangs war dein Chef doch von dir ganz angetan. Kannst du ihn nicht noch mal darauf ansprechen?«

Vehement schüttelte ich den Kopf. »Nein, das geht nicht. Erstens bin ich noch in der Probezeit und zweitens hat Camilla was mit Schröder. Das kannst du vergessen.«

Elena riss erneut die Hände hoch und schrie jetzt fast. »Das kann doch wohl nicht wahr sein!«

Der Kellner wollte gerade wieder zu uns kommen, machte aber geräuschlos auf dem Absatz kehrt und ging zu einem anderen Tisch. Ich wedelte mit der Hand, damit Elena leiser sprach, und sie fuhr gedämpfter, aber nicht weniger erregt, fort.

»Die vögelt mit eurem Chef und dieser kahlköpfige, alte Sack mit Schmierbauch glaubt, sich mit dir alles erlauben zu können, nur weil du noch in der Probezeit bist?«

Elenas Augen sprühten Funken. Sie öffnete ihre überdimensionierte Handtasche und griff nach dem Smartphone.

»So, ich gebe dir jetzt mal die Nummer eines befreundeten Anwalts. Der ist auf Arbeitsrecht spezialisiert. Das wäre doch gelacht.«

Ich seufzte nur und stützte meinen Kopf mit den Händen.

»Ach, das bringt doch sowieso nichts. In der Probezeit kann er mir jederzeit kündigen. Lass mal. Ist ja vielleicht auch besser so. Diese Arbeit ist einfach nichts für mich.«

Elena schaute von ihrem Smartphone auf und mich an.

»Darum geht es nicht, Süße. Dann soll er zumindest bluten und dieses Aktenflittchen erst recht.«

Solche Gedanken mochte ich gar nicht.

»Was soll das schon bringen? Das ist doch reine Energieverschwendung. Hilf mir lieber etwas Neues zu finden.«

Elena zuckte mit den Achseln und sah mich unzufrieden an.

»Ich verstehe dich nicht. Hier geht es doch ums Prinzip. Werd endlich erwachsen. Aber wie du willst.«

Sie verschränkte die Arme und sank wieder zurück.

Nachdem sich Elenas Gesichtszüge einigermaßen entspannt hatten, wagte der Kellner einen erneuten Versuch, ihre Bestellung aufzunehmen.

»Bringen Sie mir einen Espresso und für meine kindische Freundin den Eisbecher *Pinocchio*.«

Der Kellner blickte mich fragend an.

»Nein, das war nur ein Spaß«, sagte ich lächelnd. »Ich hätte gerne noch einen Milchkaffee.«

2

Für den Heimweg ließ ich mir Zeit. Menschenmassen eilten an mir vorbei, um gerade noch die U-Bahn zu erreichen. Ich ging die Treppe zum Bahnsteig hinunter. Überall lagen bunte to-go-Becher herum und ich musste im Gewühl aufpassen, nicht zu stürzen. Warum hatten es alle immer so eilig? Die nächste Bahn kam doch laut Anzeigetafel sowieso schon in drei Minuten. Immer diese Hektik.

Selbst Elena hatte es eilig gehabt. Während unseres Treffens hatte sie noch gefühlte zweihundert Mal telefoniert. Ich hatte noch nicht ausgetrunken, da war sie auch schon wieder aufgesprungen.

»Wir sehen uns später zuhause, Süße. Ich muss nur noch kurz diesen grandiosen Auftrag an Land ziehen.«

Sie hatte mir noch aufmunternd zugezwinkert, Smartphone, Schal und Shopper gepackt und war genau so, wie sie gekommen war, auch wieder zur Tür hinausgewirbelt.

Die erste U-Bahn hatte gerade, aus allen Nähten platzend, den Schacht verlassen, da kam tatsächlich schon die nächste. Das war doch das Schöne an Berlin:

Man ging zum Bahnsteig, konnte gleich in eine Bahn steigen und hatte, wenn man ankam, praktisch ohne lange Warterei gleich wieder Anschluss. Naja. Meistens. Und auch nur dann, wenn man sowieso Zeit hatte. Tja ..., die hatte ich ja nun.

Ich bekam sogar noch einen Sitzplatz, ganz ohne Rangelei. Die Leute um mich herum hirnten entweder über Sudoku, schliefen oder telefonierten. Alles ganz belanglos.

Aber was war denn überhaupt wichtig? Meine Arbeit fiel ja jetzt schon mal weg. Elena und Danni, meine besten Freundinnen, mit denen ich mir seit ein paar Jahren unsere gemütliche, aber hippe Wohnung teilte, waren mir sehr wichtig. Dann hatte ich ja auch noch Caro, meine witzige Kollegin. Oh! *Ex*-Kollegin. Schon traurig. Naja, wir blieben sicherlich in Kontakt. Mal überlegen, wer oder was war mir noch wichtig?

»U-Bahnhof Osloer Straße!«

Die Durchsage riss mich aus meinen existenziellen und essentiellen Gedanken und ich stieg aus. Als ich gerade die Stufen zur Tram-Haltestelle hinaufging, kam auch schon meine Straßenbahn. Hatte ich es nicht gesagt?

Kurz bevor ich unser Haus mit seinem prachtvollen Jugendstilportal erreichte, fing es an zu regnen. Auch so eine Tatsache: Wenige Meter vor der Haustür musste man entweder furchtbar dringend pullern und suchte vergeblich den Schlüssel oder es fing an zu regnen und man hatte keinen Schirm dabei. Oder beides.

»Bin daaahaa!«, rief ich beim Öffnen der Wohnungstür und sprang klatschnass Richtung Toilette. Sekunden später verstummte Dannis fröhlicher Gesang, der soeben noch den Flur erfüllt hatte.

»Och nee, Maren!«, quiekte Danni. »Ich hab doch gerade erst geputzt.« Dannis Zeigefinger wies streng auf meine Stiefel, als ich das Bad verließ.

Verlegen sah ich auf die nassen Schuhabdrücke.
»Sorry, aber ich musste so dringend. Ich wische es gleich auf.«

Danni schüttelte den Kopf und ging in die Küche.

In Filmen zogen die hippen Frauen und megacoolen Männer nie die Schuhe aus und hinterließen trotzdem keine Matschklumpen auf dem Parkett. Sie warfen sich sogar mit Schuhen auf Sofas und Hotelbetten. Und putzen mussten die sowieso nie. Pfff. Ich war vielleicht kein Filmstar, aber immerhin hatte ich megahippe Stiefel und die zog ich jetzt aus.

In meinem Zimmer tauschte ich meinen purpurfarbenen sexy Wildleder-Business-Mini gegen meine geliebte rosa Schlabberhose, streifte die geringelten Flauschesocken über und wickelte meine blonde Mähne zu einem Zopfknödel. So, jetzt musste ich noch schnell über die alten Dielen wischen, etwas Leckeres kochen und dann mit den Mädels überlegen, wie ich an einen neuen Job kam.

Danni hatte ich bereits unmittelbar nach meinem Rauswurf angerufen, um mir ihren seelischen Beistand einzuholen. Als Heilpraktikerin für Psychotherapie konnte sie immer geduldig zuhören und ihre Ratschläge bewundernswert sachlich verpacken. Aber anders als bei ihren Patienten konnte sie Freunden auch unverblümt die Meinung geigen. Wenn man dann kurz davor war, die Freundschaft aufzukündigen, pflegte sie mit rechthaberischer Miene zu sagen: »Medizin muss bitter schmecken. Von nüscht kommt nüscht.«

Als Elena nach Hause kam, empfing sie bereits eine Duftwolke aus Basilikum, Thymian und einer ganzen Ladung Knoblauch. Da ich ja nun arbeitslos war und somit die nächste Zeit auf mein Geld achten musste, zauberte ich aus den vorhandenen Küchenvorräten meine berühmte *Pasta alla Mare*. Meeresfrüchte suchte man darin allerdings vergeblich. Der Name kam nämlich nicht vom italienischen *Mare*, sondern ganz banal von Maren. Okay, ein wenig irreführend vielleicht, aber mindestens genauso sensationell und vor allem ohne dieses ganze Schwabbel- und Tentakelzeug.

Es war doch immer wieder erstaunlich, was man mit einfachen Nudeln, einer Handvoll aromatischer Tomaten, gutem Öl und duftenden Fensterbankkräutern zaubern konnte. Das war zumindest eine anständige Basis, die sich natürlich spielend toppen ließ. Im Gemüsekorb fand ich eine Chilischote und der Kühlschrank gab noch einen Brocken Parmesan her. Auf Elena, als unsere hauptamtliche Weinregalbestückerin, war wie immer Verlass. Sie kredenzte einen erfrischenden Pinot Grigio. Danni brummelte zwar etwas von kräftigem Rotwein, der wegen seiner ausgezeichneten Tannine und irgendwelcher Polyphenole zu bevorzugen sei, um gleichzeitig unserer Gesundheit nützen zu können, aber nach Elenas Argumentation »Nix da! Wir müssen einen klaren Kopf behalten. Schließlich ist Brainstorming angesagt, und Maren verträgt ja bekanntlich keinen Alkohol«, gab sich selbst unsere Gesundheitsexpertin Daniela Hartmann geschlagen. Ich war fast ein wenig beleidigt.

»Was soll das denn heißen? Solange ich nicht aggressiv werde und anfange mich zu prügeln, ist doch alles im Lot.«

»Nein, ist es nicht. Erst redest du bloß Stuss«, Elena sah mich streng an und zog ploppend den Korken aus der Flasche, »und dann schläfst du auch noch ein, egal wo du gerade bist.«

»Jaaa. Und das ist auch besser so«, sagte Danni und nickte dabei stupide wie ein Wackel-Dackel. Ich wusste genau, dass sie damit auf meinen angeblichen Alkoholexzess anlässlich Elenas letzter Fotoausstellung anspielte.

Mir wurde unterstellt, mein vertrautes Anlehnen und Einschlafen an der Schulter eines Fremden in der U-Bahn hätte mich vor weiteren lautstark angekündigten Peinlichkeiten bewahrt. (Ganz entgegen meiner Persönlichkeit hätte ich mich ausziehen und *The Lion sleeps tonight* nicht nur singen, sondern auch noch auf allen Vieren kriechend performen wollen.) Pfff, ich glaubte ihnen kein Wort. Ich kann nämlich gar nicht singen.

Zwei riesige Teller köstlicher Pasta und ein halbes (!) Glas Wein später lehnte ich mich zufrieden zurück.

»Vielleicht solltest du dich einfach mal als Köchin bewerben. Also, das muss man dir lassen: Du zauberst auch noch aus den einfachsten Zutaten etwas Großartiges.« Danni leckte ungeniert ihren Teller sauber.

Auch Elena hatte bis zum letzten Kräuterfitzelchen aufgegessen und lehnte sich zurück. »Mmmm, das war wirklich sehr, sehr gut.«

Sie ignorierte mein Glas und schenkte Danni und sich noch einmal nach.

»Das ist überhaupt *die* Idee, Süße. Ich höre mich gleich morgen mal um, ob sich da nicht etwas machen lässt. Es wär doch gelacht, bei deinen Fähigkeiten und meinen Kontakten.«

Elena prostete Danni zu und leerte ihr Glas in einem Zug, was so viel bedeutete wie »*Damit wäre ja alles geklärt und wir können den einzigen Tagesordnungspunkt abhaken.*«

»Schön, dass ihr euch einig seid.« Ich zog die Brauen zusammen.

Danni zuckte mit den Schultern.

»Du kannst super kochen, machst das auch noch gerne und suchst Arbeit. Wo ist das Problem?«

»Das Problem ist, dass ich keine Köchin bin.«

Ich blickte hoffnungsvoll in Elenas Richtung.

»Es ist doch etwas ganz anderes, ob ich gemütlich für Freunde koche oder in einem Restaurant für irgendwelche anspruchsvollen Gäste.«

»Ich hatte nicht vor, dich in einem Sterneschuppen unterzubringen«, sagte Elena einen Tick überheblich. »Ich kenne eine Menge kleiner, aber feiner Lokale, und die können bestimmt Hilfe gebrauchen.«

»Na super, jetzt werde ich auch noch zum Tellerwäscher degradiert. *Odel zum Flühlingslollenlollel.* Das wird ja immer besser.«

Ich schnappte mir die Weinflasche und goss trotzig ein. Und zwar ein ganzes (!) Glas.

»Ach, und ich kann auch ganz toll Müllbeutel zubinden, damit qualifiziere ich mich doch sicher für die Müllabfuhr.«

»Sei doch nicht albern!«

Jetzt waren es Elenas Brauen, die sich zusammenzogen.

»Vielleicht sollten wir alle erst mal eine Nacht darüber schlafen.« Danni biss die Zähne zusammen und setzte ein übertriebenes Grinsen auf. »Und morgen sieht die Welt schon wieder ganz anders aus.«

Seufzend ließ ich die Schultern sinken.

»Entschuldigt, bitte. Ich weiß, ihr meint es ja nur gut. Aber es ist so frustrierend. Vielleicht sollte ich wirklich erst mal eine Nacht darüber schlafen, um mir über die neue Situation klar zu werden.«

3

Elena hatte sich getäuscht: Der Alkohol hatte rein gar nichts bewirkt, denn ich konnte absolut nicht einschlafen. Eingepackt in meine Kuscheldecke, rollte ich hin und her, wie eine Roulade beim Anbraten.

Umständlich wickelte ich mich wieder aus und tastete nach dem Lichtschalter. Pling. Glühbirne im Eimer. Das war doch einfach nicht zu glauben! Barfuß schlurfte ich im Dunkeln Richtung Standlampe. Wo hatte ich doch gleich die Tüte mit dem ganzen Bürokram hingestellt? Aua!

Nachdem ich eine Weile versucht hatte zu lesen, musste ich letztendlich doch eingeschlafen sein, denn als ich erwachte, erinnerte ich mich an eine ganze Reihe wirrer Traumfetzen: Elena in der U-Bahn, die einen Obdachlosen mit ihrem Seidenschal fesselte und dabei *The Lion sleeps tonight* trällerte; Camilla, nackt wippend auf einem Kellner in einer stylischen Hotellobby; Danni, die aber eigentlich wie meine Mutter aussah, lief mit einer großen Flasche Hustensaft oder so etwas hinter der Tram her; und Caro saß mit Schröder und dessen Frau in einem Strandkorb an der Nordsee und trank Weißwein. Total bescheuert.

Wo war ich eigentlich in diesem Traum? Hmm, keine Ahnung, aber die alkoholische Diurese setzte ein und zwang mich aufzustehen.

Als ich von der Toilette kam, warf ich einen Blick auf die pinke Fake-Schwarzwalduhr im Flur, die verriet, dass es erst halb sechs war. Meine Mädels schliefen um diese Zeit natürlich noch. Ich ging in die Küche und warf erst einmal unser Super-High-Tech-Kaffeeautomaten-Dings an.

»KAFFEESATZ LEEREN«.

Hey, wenigstens einer, der schon zu so früher Stunde mit mir kommunizierte, wenn auch nur in roten Lettern. »Okay, dir auch einen schönen guten Morgen, Schatz.«

Als ich die Schale geleert und wieder eingesetzt hatte, war mein stummer Freund aber keineswegs zufrieden.

»WASSERBEHAELTER«.

Wer zur Hölle brauchte schon einen Mann, wenn er einen so dominanten Apparat im Hause hatte? Ich füllte frisches Wasser in den Tank und wartete geduldig auf den Befehl »KAFFEEBOHNEN«.

Aber nein: Eine grüne Anzeige verriet mir, dass *er* »BEREIT« war. Na also, ging doch.

Zwei Stunden und geschätzte sechs Tassen Kaffee später (in denen ich noch einmal den »WASSERBEHAELTER«- und endlich auch den »KAFFEEBOHNEN«-Befehl zu *seiner* Zufriedenheit ausgeführt hatte) kam Danni in die Küche gewatschelt.

»Mor'n.«

So gesprächig wie unser elektronischer Freund war sie definitiv nicht. Dabei war das für sie heute beinahe geschwätzig. Normalerweise bekam Danni morgens kaum mehr als ein kurzes Knurren heraus, was bestimmt die Abkürzung war für »*Einen wunderschönen, guten Morgen! Hast du auch so himmlisch geschlafen wie ich?«*

Nicht, dass sie eine Antwort erwartet hatte, im Gegenteil. Die kommende Stunde durfte man Danni absolut nicht ansprechen, sonst wurde aus dem sanften Knurren ein wildes Gebell. Ihr nicht die morgendliche Anlaufzeit zu gönnen, war so ziemlich das Einzige, was sie auf die Palme bringen konnte.

Danni schlurfte mit ihren riesigen Froschkönig-Puschen zum Regal und holte mit halbgeöffneten Augen ihre große Frosch-Tasse aus dem Geschirrfach. Ich nahm ihr das giftgrüne Ding wortlos aus der Hand, was so viel bedeutete wie »Mach es dir schon mal auf dem kuscheligen Küchensofa gemütlich, ich bringe dir einen wunderbar duftenden Cappuccino mit extra viel Milchschaum und einer Prise Fair-Trade-Schoko-raspeln«.

Das war ja das Tolle an guten Freundschaften: Wir verstanden uns auch wortlos.

Nur *er* hatte das nicht kapiert:

»KAFFEESATZ LEEREN«!

Dannis Anlaufphase verbrachten wir aus den genannten Gründen schweigend. Ich trank Kaffee Nummer acht oder neun und starrte an die Decke. Was ich dort suchte, wusste ich genau: eine ultimative Antwort, wie es denn nun weiterging. Aber was ich fand, war nur ein ekliger, brauner Fleck.

Elena hatte vermutlich irgendwann wieder ein Gliedertier mit acht haarigen Beinen zermatscht. Danni würde so etwas nie tun. Sie war nämlich eine ausgesprochene Tierfreundin und derzeit Ovo-Lacto-Vegetarierin, weshalb Elena und ich auch nur noch selten Fleischgerichte zubereiteten. Und wenn doch, dann gab es für Danni stattdessen eine Extraportion Gemüsepilaw oder kiloweise Salat.

»Nein, es stört mich überhaupt nicht, dass ihr Fleisch esst«, pflegte sie dann zu sagen. *»Wusstet ihr eigentlich, dass Hühner geschlachtet werden, wenn sie maximal sieben Wochen alt sind? Die kleinen Körperchen baumeln dann lebend an solchen Hängesystemen wie bei der Kleiderreinigung, bis sie grausam ...«*

Die folgenden Tage aßen wir dann immer streng vegetarisch, bis ich mich irgendwann heimlich mit Elena zu *Ente süß-sauer* oder einfach *Currywurst ohne Darm* verabredete.

Das Ganze wiederholte sich etwa im Halbjahresrhythmus. Also würde schon bald auch Dannis fleischlose Phase vorbei sein. Wir waren gespannt, welche dann folgte. Elena hatte konstatiert, die einzig logische Folge sei nun eine vegane Lebens- und Ernährungsweise.

Oh, my God! Pasta ade! Ich hoffte ja mehr auf dieses Paleo-Dings, weshalb Elena laut gelacht hatte. »Pasta ade!«

Mit großen Augen hatte ich sie angesehen. »Ach, echt?«

Außer dem Fleck an der Decke fand ich: nichts. Danni rührte meditativ in ihrer fast leeren Tasse und bekam die Augen immerhin schon einen Millimeter weiter auf, als Elena frischgeduscht und topgestylt in die Küche wirbelte.

»Na, ihr Krabben! Gut geschlafen?«

Entgeistert sah ich sie an.

»Krabben?«

Das brachte mich auf eine Idee.

***

»Was willst du denn in dieser öden Gegend an der Nordsee?« Elena sah mich verständnislos an.

»Den Kopf will sie freikriegen. Ist doch gar nicht so blöd«, sprang mir Danni bei.

»So ein Quatsch.« Elena öffnete den Eisschrank und hielt eine Packung nach der anderen hoch.

Danni streckte ihren Zeigefinger Richtung Pizza-Dreierpack aus. »Andere Umgebung, frische Luft und keinerlei Ablenkung.«

»Ja, aber auch keinerlei Inspiration. Nur Möwen, Deiche und diese Friesen-Tölpel.« Elenas Nase kräuselte sich. »Was willst du da schon für Einsichten finden?«

»Nee, Maren, das ist schon aus therapeutischer Sicht eine Super-Idee. Ich bin mir sicher, dass du dort des Pudels Knochen findest.«

»Kern«, versuchte ich mich vorsichtig in den Dialog einzureihen.

»Kern? Welcher Kern? Ach so, ja.«

Danni war jetzt etwas aus dem Konzept geraten; sie bekam dann immer große rötliche Flecken im Gesicht.

»Ach, Knochen oder Kern, egal. Auf jeden Fall wird dir ein Ortswechsel guttun.«

»Ja, und ich kann bei Onkel Piet wohnen. Ich habe heute Mittag schon mit ihm telefoniert. Also kostet es gerade mal eine Fahrkarte.« Ich warf Danni die Backpapierrolle zu.

Elena gab nicht auf. Sie machte absolut keinen Hehl daraus, was sie von der Reise hielt.

»Statt Schafskacke und besoffenen Bauernlümmeln sollten wir deine Kräfte und meine Beziehungen bündeln. Du wirst sehen, dann hast du im Nu einen neuen Job. Dafür musst du dir die Einöde nun wirklich nicht antun.« Energisch riss Elena den Pizzakarton auf.

Ich holte noch ein paar Zutaten aus dem Kühlschrank, um unsere Veggie-Pizzen ein wenig aufzupimpen, damit Elena beim Anblick von Spinathäufchen bloß nicht wieder von Schafen anfing. Ich fand ihre Reaktion ja irgendwie oberflächlich.

Elena nahm sich einfach immer, was sie wollte, und sie konnte auch dafür kämpfen wie eine Löwin. Aber sie wusste eben auch immer genau, *was* sie wollte. Ganz im Gegensatz zu mir.

»Vielleicht sollte ich mein Leben mal ganz grundsätzlich überdenken. Was will ich, was kann ich, welche Möglichkeiten gibt es überhaupt.«

»Oh Gott, das klingt ja total nach Sinnkrise.« Elena zündete konzentriert den Gasofen und schob das Essen hinein.

»Ja, super, Maren. Lass es fließen! Das ist der richtige Ansatz. In der Niederlage die Chancen erkennen. Ich bin ja soo stolz auf dich.« Danni hüpfte begeistert.

Naja, ich fand das jetzt ein bisschen übertrieben, schließlich war ich keine nachlässig gekleidete Endvierzigerin in den Wechseljahren, die von Mann und Maus verlassen worden war und nun ihren Lebenssinn im Filzen von hässlicher Blumendeko suchte. Hey, ich war gerade mal zweiunddreißig, sah nicht übel aus, hatte mein Studium sogar erfolgreich abgeschlossen, wohnte in der coolsten Stadt überhaupt und suchte *nur* einen Job.

Das klang doch gar nicht so schlecht! Letztlich musste ich mir doch bloß über ein paar Dinge klarwerden. Gut, ich hatte bisher noch nie in meinem Beruf gearbeitet, war Single und oft ziemlich unsicher. Ich war nicht gerade reich und mein Durchsetzungsvermögen ließ sehr zu wünschen übrig. Aber, wenn schon Neuanfang, dann jetzt sofort!

»Ich fahre, basta!«

4

Berlin hatte ich längst hinter mir gelassen. Die Landschaft Dithmarschens raste an mir vorbei. In einer knappen halben Stunde würde der Zug in Nordfriesland sein.

Seit Tante Annis Beerdigung vor dreieinhalb Jahren war ich nicht mehr hier gewesen. Früher hatte ich fast immer die Sommerferien bei ihr und Onkel Piet verbracht. Er war Papas Bruder und hatte, als der älteste der drei Jungs, den Hof meiner Großeltern übernommen. Papa und Klaas, der Jüngste, hatten andere Berufe ergriffen.

Der Beruf war es auch, warum es meinen Vater nach München verschlagen hatte. Aber im Urlaub zog es ihn immer in die Heimat, wo er, der stille Friese, dann irgendwann meiner Mutter, der waschechten Kölnerin, begegnet war.

Onkel Klaas hatte auch eine Tochter, Karen. Sie war zwei Jahre jünger als ich, und wir hatten auf Onkel Piets Bauernhof immer jede Menge Spaß gehabt. Ich betrachtete sie eher wie eine kleine Schwester. Bei Karen war ich nur selten daheim gewesen. Ihre Mutter Viola, eine richtige Schreckschraube, war laut Tante Anni wohl immer schon neidisch auf das rheinische Temperament meiner Mutter gewesen. Onkel Klaas aber war echt witzig, wie übrigens jeder der drei Christiansen-Brüder.

Mama sagte immer »Wenn du ein Problem hast, dann kommst du entweder zu mir oder du fährst an die Nordsee. Dann löst sich das von ganz alleine.« (Okay, das klang bei ihr natürlich ganz anders. *Wenn do en Problem häss, Liebsche, dann kösste zo mir oder do jückelst annet Meer, dann isset fott.*)

Ich musste grinsen, weshalb die Frau gegenüber missbilligend wegblickte. Blöde Kuh. Die fährt sicher nach Sylt.

Eine sympathische junge Frau, die erst vorhin zugestiegen war, las offensichtlich meine Gedanken, denn sie grinste ebenfalls.

Bereits kurz vor Husum begann ich, mein Gepäck zum Ausstieg zu bringen, da ich zwei Koffer und eine Reisetasche dabei hatte. Beim Aussteigen sagte die junge Frau: »Da hast du ja einiges vor.«

»Naja, an der Nordsee weiß man nie, wie das Wetter wird. Ich bin auf jeden Fall für alle Eventualitäten gerüstet.« Schließlich sprach ich aus langjähriger Erfahrung.

»Dann mal viel Glück und schönen Urlaub.«

Ich zog die beiden Koffer den Bahnsteig entlang. Eigentlich überflüssig zu erwähnen, dass mein Waggon ganz hinten angehalten hatte. In alten Filmen gab es immer Gepäckträger in tadellos sitzenden Uniformen. Klar, und jetzt fing es auch noch an zu regnen. Ja, ich war für alle wettertechnischen Eventualitäten gerüstet. Allerdings befand sich meine Regenjacke im Koffer und für den Schirm hatte ich schlichtweg keine Hand frei. Wenigstens gab es einen Aufzug, wenn schon von Onkel Piet nichts zu sehen war. Er hatte mich doch abholen wollen.

Nachdem ich mich mit dem ganzen Gepäck aus dem Fahrstuhl geschält hatte, machte sich auch noch meine Blase bemerkbar. Bis nach Nordsbüll war es ja zum Glück nicht so weit. Ach, die Viertelstunde hielt ich schon noch aus. Also ersparte ich mir die dreckigen Bahnhofstoiletten und schob mich Richtung Ausgang.

Draußen fand ich Onkel Piet dann endlich, mitten auf dem Bahnhofsvorplatz wirkungsvoll in Szene gesetzt. Er war wirklich nicht zu übersehen. Ich hätte es wissen müssen: Onkel Piet war doch tatsächlich mit dem Traktor gekommen. Och, nee!

»Moin, mien Deern. Ich dachte, du könntest 'n büschen frische Luft gebrauchen.« Er klopfte mir auf die Schulter und grinste.

»Uff. Hallo, Onkel Piet. Frische Luft? Eiskalter Fahrtwind und blaue Flecken am Hintern wäre wohl treffender.«

»Seit wann bist du denn so empfindlich? Naja, dich kriegen wir schon wieder hin. Sollst mal sehn.« Und wieder klopfte er mir auf die Schulter, was ich deutete als »*Dann mal los.*«

Die Fahrt schien fast endlos und es war saukalt. Meine Blase rebellierte bei jedem Schlagloch. Und davon gab es hier in Nordfriesland noch mehr als Schafsköteln.

Wer schon einmal hier war, würde mir beipflichten: Der Begriff *intakte Fahrbahn* existierte hier genauso wenig wie das Beibehalten der Fahrspur. Mittellinien, wenn überhaupt vorhanden, dienten hier allenfalls dazu, sich genau *auf* diesen zu bewegen.

Ferner machten sich die Nordfriesen, neben Boßeln und Ringreiten, einen Sport daraus, bei Gegenverkehr auszutesten, wer in der Fahrbahnmitte den längeren Atem bewies.

Nichtsdestotrotz hatten wir doch tatsächlich nach qualvollen fünfundzwanzig Minuten unser Ziel erreicht. Onkel Piets sehr langem Atem sei Dank.

Mit zusammengekniffenen Schenkeln und aufeinandergepressten Lippen kletterte ich umständlich vom Trecker und watschelte Richtung Haus.

»Haltung, mien Deern, Haltung.«

Sehr witzig.

Da war ich also. An der Stätte meiner glücklichen Kindheit und abenteuerlichen Jugend. Alles war plötzlich wieder da: die aufregend romantischen Sonnenuntergänge, gemütliche Lagerfeuer mit Karen, der Dorfjugend und Jugendlichen aus den unterschiedlichsten Winkeln Deutschlands.

Der erste Kuss mit Michael von der Schwäbischen Alb (ein unglaublich hübscher Junge, aber weil er so komisch gesprochen und ich fast kein Wort verstanden hatte, war ich genötigt gewesen, die Initiative zu ergreifen). Händchenhalten mit Andi aus Erkelenz, dem ich mindestens hunderttausend Herzchenbriefe geschrieben hatte, in der Hoffnung ihn irgendwann wiederzusehen. Und tatsächlich hatten wir uns im Sommer danach wieder getroffen. Nicht, dass ich etwas gegen seine neue Zahnspange gehabt hätte, aber nachdem er mich beim Sprechen angespuckt hatte, hatte ich mich lieber Malte vom Hof nebenan zugewandt. Okay, der war einen Kopf kleiner als ich gewesen und hatte irrsinnig dreckige Fingernägel gehabt, aber wenigstens eine einwandfreie und vor allem *trockene* Aussprache.

Später waren da noch Ingmar, Tom und Martin gewesen, um nur die Wichtigsten zu nennen. Ach, was hatten wir für einen Spaß und wie viele Tränen hatte ich immer wieder beim Abschied vergossen.

Tja, und nun war ich das erste Mal seit Tante Annis Beerdigung wieder hier. Irgendwie hatte ich es bisher nicht übers Herz gebracht, weil ich Angst hatte, ständig an sie erinnert zu werden. Ja, ich war feige. Immer schon gewesen.

Das war er nun. Der Ort, wo es immer nach würzigem Heu, brutzeligen Bratwürsten und Abenteuer gerochen hatte. Hach. Ich inhalierte gaaanz tief.

Hey, Moment mal. Was war das denn? *So* hatte es hier früher aber nicht gestunken. Oder? Daran konnte ich mich wirklich nicht erinnern. Igitt! Gülle!

Im Haus hatte sich fast gar nichts verändert. Sogar die blaukarierten Vorhänge und die dazu passenden Tischdecken gab es noch. Wenigstens roch es drinnen wie in meiner Erinnerung nach altem Holz, süßlichem Tabak und knusprigen Bratkartoffeln.

Minka, die Katze, kannte ich zwar noch nicht, aber sie strich ebenso vertraut um meine Beine und gab Köpfchen, wie seinerzeit Molly, davor Tinus und später die dicke Viola. Trotz Tante Annis Protest hatte sich damals der Name *Viola* durchgesetzt, da Onkel Piet meinte, sie habe einen »genauso breiten Hintern« wie Karens Mutter.

Auch die Gästekammer, an deren Tür noch immer mein kleines, rundes Namensschild hing, war herrlich vertraut. Der schmale Kleiderschrank, in dem ich unmöglich meine ganzen Klamotten unterbringen konnte, die rotgestreiften Vorhänge und die herrlich frische Blümchenbettwäsche. Die Zeit war hier doch tatsächlich stehen geblieben.

Nur etwas fehlte: Tante Anni hatte mir immer einen kleinen Strauß Wiesenblumen auf das Tischchen gestellt. Nun wirkte die kleine Kugelvase mit Rankengravur ganz nackt auf dem weißen Spitzendeckchen.

Alles war noch immer sehr gepflegt, wie seinerzeit bei Tante Anni. Sie hatte immer gesagt: »Ein Bauer muss nicht wie ein Bauer riechen, und ein Bauernhof muss nicht wie ein Schweinestall aussehen.« Ach, wie ich sie vermisste.

Seit ihrem Tod kümmerte sich die Polin Ewa um Onkel Piets Haushalt. Olek, ihr Mann, arbeitete ebenfalls auf dem Hof. Ich war den beiden bisher noch nicht begegnet, aber schon neugierig auf die mutigen Leute, die es seit über drei Jahren mit Onkel Piet aufnehmen konnten. Er war zwar witzig und herzensgut, aber auch sehr, sehr dickköpfig. Wie alle Christiansens eben.

Als ich in den Garten kam, sprang ein großer, schwarzer Hund wedelnd auf Onkel Piet zu.

»Lilli, mien Deern!« Er wuschelte ihre langen schwarzen Ohren. Dann kam Lilli auch zu mir und sprang aufgeregt hin und her. Ich kraulte ihren Hals und sie warf sich ergeben vor meine Füße.

»Na, einen tollen neuen Wachhund hast du da, Onkel Piet.«

»Jaaa. Obacht!«, sagte er mit einem Zwinkern. »Lilli ist auf Kehle dressiert.« Die Hündin gähnte genüsslich, erhob sich und trottete zum Haus.

Erst jetzt sah ich den kräftigen jungen Mann, der neben einer herzlich lachenden Frau stand. Sie hielt einen Teller mit einem herrlich duftenden Kuchen in der Hand. Die andere Hand streckte sie mir freundlich entgegen.

»Willkommen. Ich bin Ewa und das ist mein Mann, Olek.«

»Das ist ja nett. Ich bin Maren.«

Während Olek einen Diener machte und meine Hand schüttelte, blickte ein etwa zweijähriges Mädchen mit hellbraunen Zöpfchen schüchtern hinter Ewa hervor. Es trug ein hübsches Rüschenkleid mit Blumenmuster, eine weiße, kunstvoll bestickte Strickjacke und ein rotes Kopftuch. In seinen Händchen hielt es einen zarten Strauß bunter Wildblumen.

Ich hockte mich und lächelte die Kleine an. »Na, und wer bist du?«

Sie sah verlegen auf ihre kleinen roten Clogs.

»Das ist Paulina. Paulina, gib Maren die Blumen.« Ewa lachte ihr Töchterchen ermunternd an.

Die kleine Maus aber dachte gar nicht daran, einer fremden Frau den offensichtlich mühsam gepflückten Strauß zu überreichen, und versteckte ihn hinter dem Rücken, dabei blickte sie noch immer auf ihre Schuhe.

»Entschuldige, Maren. Aber dann bleibt es heute wohl nur bei dem Kuchen.«

Lachend gingen wir ins Haus.

Als Paulina später Lilli in der Stube entdeckte, lief sie auf die große Hündin zu und umarmte sie so stürmisch, als hätten sie sich eine Ewigkeit nicht gesehen. Lilli erwiderte die Liebkosung mit einem herzhaften Lecken über das Ohr des Mädchens, was offensichtlich kitzelte. Paulina verzog das fein geschnittene Gesicht und kicherte leise.

Dann hob die Kleine ihren Zeigefinger und sah die Hündin ernst an, worauf sich Lilli hinlegte. Zufrieden begann Paulina, die Blumen, die inzwischen etwas mitgenommen aussahen, eine nach der anderen in Lillis Halsband zu stecken. Geduldig hechelnd, ließ die schwarze Hündin die Zeremonie über sich ergehen.

In der Zwischenzeit wirbelte Ewa in der Küche. Verführerischer Kaffeeduft und Geschirrklappern erfüllten das Haus. Ich hatte einen kurzen Augenblick das Gefühl, Tante Anni käme gleich singend in die Stube und schüttete ihre ganze Heiterkeit und Liebe über uns aus. Es versetzte mir einen kleinen Stich, aber dann trat auch schon Ewa mit einem riesigen Tablett und einem wunderbaren Strahlen ins Zimmer.

»Maren, nimmst du mir das bitte mal ab? Und ihr zwei Halunken da könnt gleich mithelfen, den Tisch zu decken.«

Onkel Piet und Olek unterbrachen abrupt ihr Gespräch und gehorchten ohne Murren. Na, Ewa hatte die beiden ja gut im Griff. Ich war beeindruckt und musste grinsen, weil sie mich so an Tante Anni erinnerte.

Oh, wie sehr hätten sich die beiden gemocht. Schade, dass sie sich nicht mehr kennengelernt hatten. Tante Anni hätte diese entzückende kleine Familie sofort adoptiert, da war ich mir sicher. Ich freute mich so für Onkel Piet, dass die Drei ihm, zumindest ein klein wenig, über den schweren Verlust hinweg halfen.

Nach dem Kaffee ging ich Ewa in der Küche zur Hand. Sie erzählte, wie sie vor ein paar Jahren als Erntehelferin nach Deutschland gekommen war. Irgendwann hatte sie dann Olek getroffen, der schon auf verschiedenen Höfen in Nordfriesland gearbeitet hatte.

Als Tante Anni krank geworden war, hatte sich Onkel Piet um sie kümmern wollen und deshalb Olek eingestellt.

Ein paar Monate nach der Beerdigung war Ewa zum ersten Mal auf den Hof gekommen, und weil sie sofort erkannt hatte, dass Onkel Piet nicht nur jemand für den Haushalt, sondern vor allem die Führung durch eine starke weibliche Hand benötigte, hatte sie beschlossen, zu bleiben. Onkel Piet hatte ihr nicht einmal widersprochen, sondern nur schweigend genickt.

»Ich glaube, er hat gar nicht richtig zugehört. Aber das war mir egal. Piet hat Hilfe gebraucht und ich habe gespürt, dass wir uns gut verstehen werden. Olek hatte mir schon so viel von ihm erzählt und außerdem hat er mich ein bisschen an meinen brummeligen Vater erinnert.« Ewa lachte so herzerfrischend, dass ich mir die Situation lebhaft vorstellen konnte.

»Ach, dann ist Olek doch sicher auch bei der Beerdigung gewesen? Hm, ich kann mich gar nicht an ihn erinnern.«

»Das will ich wohl meinen! Er war damals ein dünner Hering mit kurz geschorenen Haaren. Ich habe nicht nur Piet, sondern auch Olek aufgepäppelt.« Wieder lachte Ewa schallend. »Wer hart arbeitet, muss auch tüchtig essen; aber inzwischen muss ich aufpassen, dass Olek nicht zu dick wird.«

»Die Männer haben bei dir ja nicht viel zu melden«, kicherte ich.

Ewa zuckte mit den Schultern. »Warum auch? Ich weiß schließlich besser, was gut für sie ist.«

Und damit hatte sie recht. Alles war so harmonisch und jeder wirkte rundum glücklich.

5

Morgens erwachte ich für meine Begriffe schon früh und fühlte mich sogar frisch und ausgeruht. Ich hatte sooo gut geschlafen. In meinem Berliner Zimmer war es undenkbar, bei offenem Fenster zu schlafen. Aber hier herrschte nachts Totenstille und es war stockdunkel, was allerdings auch ein wenig gewöhnungsbedürftig war. Zum Glück hatte sich der Güllegestank verzogen.

Ich riss die Vorhänge zur Seite und sah hinaus. Es war ein herrlicher Morgen. Der Himmel war lediglich mit ein paar flauschigen Dekowölkchen verziert. In der Ferne sah ich Olek unter Onkel Piets fachkundiger Aufsicht an einem Trecker herumschrauben. Lilli lag mitten im Hof und beobachtete das Treiben. Ab und zu zogen ein paar kreischende Möwen vorbei.

Nachdem ich ausgiebig geduscht hatte, zwängte ich mich in meine frischgewaschene Jeans, zog ein weißes Shirt mit weitem Ausschnitt und Sneaker an. Mit nassen Haaren ging ich hinunter in die gemütliche Küche. Auf dem Küchentisch stand ein unbenutztes Gedeck des alten Service, das meines Wissens noch von meinen Großeltern stammte.

In einem kleinen Körbchen lagen zwei goldbraune Brötchen und einige Scheiben Rosinenstuten. Die Butter befand sich wie eh und je in einer altmodischen Dose, deren Deckel eine blaue Porzellanrose zierte. In der Thermoskanne vermutete ich den Kaffee. Da es mich nach etwas Süßem gelüstete, ich aber keinen Honig mochte, ging ich in die geräumige

Speisekammer. Als Kind war ich mir hier wie im Schlaraffenland vorgekommen.

Dunkel gebeizte Holzbretter bildeten deckenhohe Regale. Die Kanten waren mit weißer Spitzenborte gesäumt. Auf jedem der Bretter standen in mehreren Reihen jeweils zig Einmachgläser mit Äpfeln, Birnen, Mirabellen, Sauerkirschen, Süßkirschen und Aprikosen.

Die Bretter bogen sich unter der Last der unzähligen Gläser mit Gurken sauer, süß-sauer, pikant, Bohnen jeglicher Farben und Formen, Roter Bete, Möhrchen und was weiß ich, was noch alles. Meine Güte, damit bekam man ja eine ganze Kompanie satt. In den oberen Fächern türmten sich die wunderbarsten Marmeladen und Fruchtpürees. Bunte Stoffquadrate zierten die Deckel. In manchen Stoffmustern erkannte ich Paulinas und Ewas Kleider von gestern wieder.

Das Einkochen war auch Tante Annis Leidenschaft gewesen. Himbeer-Erdbeer-Vanille, mmmh. Mein absoluter Favorit. Ich erinnerte mich an eine wahre Geschmacksexplosion. Zuerst schmeckte man eine leichte Säure, die gleichzeitig von einer herrlichen Süße untermalt wurde, und zum Schluss wirkte noch die aromatische Vanille nach. Die Konsistenz war wunderbar cremig, ohne störende Brocken und mit nur wenigen Kernchen. Und dann schön dick auf einem frischen Bauernbrot mit viiiel Butter. Lecker! Ob es noch Gläser von Tante Anni gab? Ach, ich hätte es sowieso nicht übers Herz gebracht, sie zu öffnen. Außerdem fand ich, dass Onkel Piet den Vortritt habe. Ich nahm sicherheitshalber ein Glas Erdbeer-Rhabarber-Vanille aus dem letzten Jahr und ein paar Eier aus dem Korb. Alles war noch genau an dem Platz, an dem ich es in Erinnerung hatte. Ich gab Butter in eine kleine Pfanne, schlug zwei Eier hinein, zerstach die Dotter mit einer Gabel und verrührte sie leicht mit dem noch flüssigen Eiweiß. Das Ganze brutzelte dann erst mal ein wenig. In der Zwischenzeit bestrich ich zwei Brötchenhälften mit Butter und der leuchtend roten Marmelade. Jetzt wendete ich die Eier und goss Kaffee ein, der sich dann allerdings als Tee entpuppte. Egal. Wir waren zwar in Nordfriesland, aber so eine echte Ostfriesenmischung mit Kandis und ein paar Tropfen Sahne war auch etwas Feines.

Die Spiegeleier à la Tante Anni waren nun auch schön knusprig, aber nicht trocken. Jetzt noch eine Prise Salz und mmmmh.

Ich hatte es natürlich nicht bei nur einem Brötchen belassen, dafür war die Marmelade einfach zu köstlich. Dass Nordseeluft hungrig machte, wusste ich ja, aber sollte das so weitergehen, käme ich nicht wohlgenährt, sondern fett nach Berlin zurück. Egal, es war schließlich mein erstes Frühstück und das musste zelebriert werden.

Da ich noch nicht wusste, welche Aufgaben Ewa hier im Einzelnen wahrnahm, räumte ich nach dem Essen den Tisch ab und den Kühlschrank ein, ließ das benutzte Geschirr aber neben der Spüle stehen. Ich wollte mich schließlich nicht in ihre Arbeit einmischen. Es gab ja tatsächlich Menschen, die damit ein Problem hatten. ›Ewa wird mir schon noch sagen, was ich zu tun und vor allem zu lassen habe‹, dachte ich mit einem Grinsen.

Aufgrund des ausgiebigen Frühstücks hatte ich beschlossen, das Mittagessen besser auszulassen, und machte mich mit Tante Annis altem Fahrrad auf den Weg, um die Gegend zu erkunden. Ich war gespannt, was und wie sich alles verändert hatte.

Zunächst einmal bemerkte ich, wie sehr die Erinnerung doch die Wirklichkeit verzerrte. Die Entfernungen hatte ich deutlich unterschätzt. Früher waren wir lustig schwatzend ruckzuck im nächsten Dorf. Aber heute? Wie lange war ich nun schon unterwegs? Nach gefühlten zehn Kilometern, die sich laut Karte aber als dreieinhalb erwiesen, kam ich im Dorf an. Auf den ersten Blick hatte sich nicht wirklich etwas verändert. Die kleine dicke Kirche stand noch am selben Fleck, klar, wo sollte sie auch sonst sein? Das Pflaster der kleinen Gasse zum *Marktplatz* – eine gnadenlose Übertreibung – war holperig wie eh und je und es waren sogar noch dieselben Wurzelaufbrüche zu erkennen. An die konnte ich mich deshalb so genau erinnern, weil ich hier mal ziemlich schmerzhaft gestürzt war. Das kam davon, wenn man cool sein wollte und freihändig mit gleichgültigem Blick an den Jungs vorbeifuhr. Nach meinem sensationellen Salto mit dem Fahrrad hatten sie sich natürlich kaputtgelacht. Nur Tom, immer um mich besorgt, hatte sich um mich kümmern wollen. Aber ich war schließlich *mega*cool gewesen. Deshalb hatte ich ihn auch arrogant abgekanzelt. »*Pah, mir fehlt überhaupt nichts.*« Daraufhin hatte allerdings auch er mich ausgelacht. »Bloß eine anständige Hose, was?« und auf meine zerrissene Jeans und die blutenden Knie gezeigt. Scheiß-Wurzeln!

Der kleine Lebensmittelladen an der Ecke bestand noch immer. Toll, dass der sich so lange hielt, schließlich gab es in der Nähe auch schon einen der zahlreichen Discounter. »*Dorfmarkt Nissen*« stand in großen Lettern auf der Scheibe. Also gab es tatsächlich noch immer die alte Frau Nissen. Wahrscheinlich war sie damals noch gar nicht so alt gewesen. Aber auf Kinder und Jugendliche wirkten schon Erwachsene um die vierzig uralt.

Nachdem ich das Vorderrad in den rostigen Fahrradständer eingefädelt und angekettet hatte, warf ich mich voller Vorfreude gegen den massiven Messinggriff der alten Ladentür, die schon immer geklemmt hatte. Aua, mein Kopf. Warum zur Hölle ging die Tür nicht auf? Ich rieb mir die Stirn und trat einen Schritt zurück. Ja, Maren, typisch. Das Öffnungszeitenschild war nicht gerade klein und dazu noch in Augenhöhe angebracht. Klar, es war ja Mittagszeit, also geschlossen. Dass Läden heutzutage auf diese Weise noch überleben konnten, war mir ein Rätsel. Dann kam ich eben später wieder. Ach, nee, heute war ja Mittwoch, also nachmittags geschlossen. Bei Frau Nissen konnte man sich immerhin auf die Öffnungszeiten verlassen. Andere Läden machten eher vage Angaben: »*Auf ist, wenn auf ist*«, »*Bei schönem Wetter geöffnet*« oder ganz knackig »*Nu is zu*«. Pöh! Schade, dass Elena nicht hier war. Bei so etwas konnte sie ganz schön ausrasten. Ich musste lachen, weil ich mir ganz sicher war, dass sie ihr Smartphone zücken und einen Staranwalt, der die Gewerbeordnung vor- und rückwärts aufsagen konnte, einschalten würde.

Mein Weg führte mich vorbei an romantischen Sielzügen, endlosen Deichen und einem prachtvollen Haubarg. An jeder Gabelung gab es glücklicherweise Straßenschilder. Alle Wege führten nach Nordsbüll! Wie praktisch. Es war inzwischen kurz nach drei und so langsam hatte ich Kaffeedurst. Also gut, beim nächsten Café, an dem ich vorbeikam, würde ich einkehren.

Eine knappe Stunde, zwei Töpfereien und eine Weberei später erblickte ich ein kleines, altrosafarbenes Schild mit lila Schnörkeln und der Aufschrift »*Petit Café*«. Klang nicht gerade friesisch, aber egal. Dann gab es statt Friesentorte eben luftige Eclairs oder feine Macarons.

Eine kleine Allee führte zu einem großzügigen herrschaftlichen Anwesen. Das musste das Friesengestüt sein, das sich schon durch zahlreiche Wegweiser angekündigt hatte. An einem kleineren, etwas abseits gelegenen Nebengebäude erkannte ich das altrosafarbene Schild wieder, dieses hier war jedoch größer. Es baumelte an zwei verwitterten Ketten von einem gusseisernen Ausleger herab. Den zahlreichen Autos und Fahrrädern nach zu urteilen, handelte es sich bei diesem Café offenbar um einen Geheimtipp. Ich hob Tante Annis altes Rad in einen antiken Fahrradständer. Hübscher Anblick. Das gefiel mir schon mal.

Als ich die Tür öffnete, kam mir eine angenehme Geräuschkulisse entgegen. Lebhaft, aber nicht laut. Die Atmosphäre war insgesamt sehr einladend. Auf der linken Seite des Raumes befanden sich zwei längliche Tische mit weißen Beinen und naturbelassenen

Tischplatten. Dahinter reihten sich weiße Holzbänke mit hohen geschnitzten Rückenlehnen und türkisen Polstern. Auf der anderen Seite der Tische standen unterschiedliche, weiß lackierte Stühle. Über die gesamte Breite der weiß getünchten Wand erstreckte sich ein riesiger Spiegel mit verspieltem Goldrahmen, der den Raum optisch vergrößerte.

Die gegenüberliegende Wand war mit einer türkisen Tapete mit Goldornamenten bezogen. Davor standen wieder weiße Tische mit Naturholzplatten, jedoch kleiner und mit jeweils zwei bis drei weiß lackierten Stühlen unterschiedlicher Epochen.

Im mittleren Teil befand sich ein imposanter weißer Holztresen. Die Vorderseite bestand aus einzelnen Kassetten, deren geschnitzte Auslassungen mit Milchglas hinterlegt waren. Auf und neben dem Tresen standen halbhohe Tortenvitrinen, bestückt mit den köstlichsten Leckereien.

Da alle Plätze belegt waren, begab ich mich in den hinteren Teil des Cafés. Dieser bestand aus einer Fensterfront, in deren Mitte eine Glastür zur Veranda hinausführte. Links und rechts war anstelle von Fensterbänken je eine breitere Holzplatte als Tisch angebracht. Davor standen geschwungene, weiß lackierte Eisenstühle mit türkisen Sitzkissen. Diese kleinen, aber feinen Sitzgelegenheiten boten einen prächtigen Blick hinaus auf das weite Marschland. Da auf der gemütlichen Veranda ebenfalls alles belegt war, setzte ich mich auf einen der Eisenstühle und blickte hinaus.

Die Bedienung kam gerade von der Veranda und lächelte mich verschwörerisch an. »Aha, die Frau, die für alle Eventualitäten gerüstet ist.«

»Oh, hallo.« Erst jetzt erkannte ich die junge Frau aus dem Zug. »Leider nur für wettertechnische Eventualitäten.«

»Das ist doch schon eine Menge. Was darf ich dir denn bringen?«

»Erst mal einen Milchkaffee, bitte.« Ich blickte suchend umher. »Hmm, weiter weiß ich noch gar nicht.«

»Kein Problem, ich bring dir gleich mal die Karte, und du kannst dich ja auch noch am Kuchentresen umsehen.«

»Das mache ich.« Ich folgte ihr nach vorne. »Schönes Café übrigens.«

»Danke, es ist auch mein ganzer Stolz.« Hinter der Theke zischte und sprudelte es, während sie die heiße Milch aufschäumte. »Bist du zum ersten Mal hier in der Gegend?«

»Nein, früher bin ich oft hier gewesen. Mein Onkel wohnt ganz in der Nähe. Piet Christiansen, vielleicht kennst du ihn?« Ich bückte mich, um mir die untere Torte, einen Traum aus Schokolade und Sahne, genauer anzusehen.

»Ach, dann bist du Maren aus Berlin. Piet hat schon gesagt, wie sehr er sich freue, dass du endlich mal wieder kommst.«

»Oje, das hätte ich mir ja denken können.« Ich löste meinen Blick von den Köstlichkeiten und sah zu ihr auf. »Hier kennt ja jeder jeden.«

»Klar und weiß vor allem über jeden Bescheid. Außerdem ist mein Mann der Tierarzt hier, da bleibt einem nichts verborgen. Ich bin übrigens Nele. Nele Hansen. Aber komm bloß nicht auf die Idee mich *Frau Doktor* zu nennen. Alles schon da gewesen.«

Nele zog ein Gesicht. »Wir sind schließlich nicht in Österreich.«
Ich kicherte.

Nele verzierte den üppigen Milchschaum gekonnt zu einem Blattfächer.
»Voilà. Und? Bist du fündig geworden?«
»Puh, ich weiß gar nicht, wo ich anfangen soll. Das sieht alles so unwiderstehlich aus.«
»Weißt du was? Ich stelle dir etwas zusammen.«
»Ja, prima. Den Kaffee nehm ich aber schon mal mit.«
Als ich wieder an meinen Platz kam, rückte ich den niedlichen Eisenstuhl zurecht und wackelte beim Hinsetzen mit dem Hintern, wie eine Henne beim Brüten. Ach, welch ein Wohlgefühl. Mmmmh, und dieser Kaffee war wirklich köstlich.

Kurz darauf kam Nele mit einer Porzellanplatte, auf der sich mehrere kleine Häppchen der herrlichsten Torten und Kuchen befanden. Dazu hatte sie noch ein luftiges Eclair, drei unterschiedliche Macarons, verschiedene Pralinen und ein paar gezuckerte Beeren angerichtet.
»Das sieht ja umwerfend aus«, mit weit aufgerissenen Augen sah ich sie an, »aber wer soll das alles schaffen?«
Sie zwinkerte mir lächelnd zu und ging beschwingt auf die Veranda hinaus.

Nach einer Stunde hatte ich etwas mehr als die Hälfte vertilgt. Das Café hatte sich inzwischen deutlich geleert. Schwerfällig ausatmend lehnte ich mich zurück und zog den Hosenbund vom Bauch weg.

»Na, Maren, war wohl 'n büschen viel, was?« Nele lachte gespielt schadenfroh.

»Haha, das war ja wohl Absicht. Uuuuh, ich platze gleich!«

»Ach, das kannst du doch auf dem Heimweg wieder abtrainieren.«

»Dann muss ich aber dieselbe Strecke nehmen wie auf dem Hinweg. Das waren mindestens zwanzig Kilometer.«

»Bewegung ist schon okay, aber man muss es ja nicht gleich übertreiben. Wenn du hier nach der Einfahrt rechts herum fährst und dich dann geradeaus hältst, brauchst du keine zehn Minuten. Denn wie ich Ewa kenne, steht das Abendessen schon auf dem Herd.«

Entsetzt starrte ich Nele an und hielt mir den Bauch. »Essen?«

Nele lachte schallend. »Das kommt davon, wenn man so viel Kuchen isst.«

»Pöh!« Ich verschränkte meine Arme und lenkte meinen Blick schräg zur Decke.

Noch immer lachend ging Nele zum Kassieren an einen anderen Tisch.

Ich stand auf und begab mich in den vorderen Bereich. Beim Anblick der Torten machte ich dicke Backen.

Als Nele kam, schüttelte sie den Kopf.

»Fährst du jetzt?«

»Ja, ich brauche Bewegung. Was bin ich dir schuldig?«

»Lass mal, das geht aufs Haus.«

»Was? Äh, danke. Aber warum? Das geht doch nicht.« Ungläubig sah ich sie an.

»Na, zum Anfixen. Ist doch klar. Was glaubst du, wie ich den Schuppen sonst so voll kriege?«

»Ja, dann vielen Dank auch.« Ich ging Richtung Tür, drehte mich noch einmal um und grinste Nele an. »Tschüss ..., *Frau Doktor*.«

6

Kurz vor dem Schlafengehen setzte ich mich noch ein wenig zu Onkel Piet in die Stube. Er saß in seinem alten Ohrensessel und rauchte Pfeife. Das war so ein friedlicher Anblick.

»Viel haste ja nicht gegessen, mien Deern.«

»Ich wurde heute mit Torten vollgestopft.« Bei dem Gedanken schüttelte es mich. »Sag mal, du kennst doch Nele vom *Petit Café*.«

»Die Frau von unserem Viehdoktor.« Er lachte. »Verstehe, Nele und ihre Torten. Ich wette, sie wollte testen, wie viel du schaffst. Du hast dich hoffentlich wacker geschlagen. Wir Christiansens haben einen Ruf zu verlieren.«

»Hallo? Das war kein Wettsaufen. Ich habe lediglich verschiedene Sorten Gebäck probiert.«

»Egal. Beim Wettsaufen sind wir erst recht unschlagbar.«

»Tolle Hobbys habt ihr hier. Also ich komme wohl eher auf Mama.« Oder etwa doch nicht? Denn plötzlich schwirrte mir wieder die Melodie von *The Lion sleeps tonight* im Kopf herum. Na toll! Und das auch noch kurz vorm Einschlafen.

Am nächsten Morgen beschloss ich, gleich nach dem Frühstück zum Café zu radeln. Ich verstaute mein Notebook im Rucksack und zog eine Jacke über, da es heute recht windig war. Onkel Piet hatte keinen Internetanschluss, und das Mobilfunknetz war hier auch nicht so ausgebaut, wie es sonst seit Jahren dem Standard entsprach. Immerhin hatte ich bei Nele ein WLAN-Schild gesehen. Also wollte ich mich heute mal durch die Jobangebote im Hauptstadtportal klicken. Warum nicht das Angenehme mit dem Nützlichen verbinden?

Auf direktem Weg radelte ich die holprige Straße bis zum Anwesen, auf dem sich das Café befand, entlang. Glücklicherweise hatte ich den gut gepolsterten Rucksack auf den Rücken geschnallt. Diese Tortur hätte meine Festplatte auf dem Gepäckträger mit Sicherheit nicht überstanden.

»Moin, Maren. Du bist ja früh dran. Schon wieder Torten-Gelüste?« Nele hielt mir eine kunstvoll verzierte Torte entgegen, in der bestimmt fünf Liter Sahne verarbeitet waren.

Ich schüttelte mich bei dem Anblick. »Hallo, Nele. Deine Torten sind wirklich klasse, aber ich glaube, die nächsten Tage kriege ich nichts Süßes runter.«

»Kein Problem, das *Petit Café* ist ja gleichzeitig auch ein Bistro. An Herzhaftem soll es also nicht fehlen.«

»So ein Glück, aber ich habe gerade gefrühstückt. Ich denke, dass mir erstmal ein Milchkaffee genügt.«

»Hätte mich auch gewundert, wenn dich Piet ohne anständiges Frühstück aus dem Haus lässt. Ich bring dir den Kaffee.«

Heute setzte ich mich in den vorderen Bereich an einen der großen Tische und breitete mich voller Tatendrang mit meinem mobilen Büro aus.

Drei Männer betraten das Café. Sie ließen sich am Nebentisch nieder. Der größere von ihnen war etwa in meinem Alter, die beiden anderen schätzte ich auf achtzehn, neunzehn Jahre. Sie trugen Arbeitskleidung und sagten kein Wort. Nele brachte ihnen unaufgefordert ein üppiges Frühstück. Die beiden Jüngeren bedankten sich und der Ältere nickte ihr nur zu. Danach servierte sie mir einen *Café au Lait* in einem typisch französischen *Bol* und setzte sich zu mir, während sie zum Nebentisch hinübersah.

»Jan, das ist Maren vom Christiansenhof. Maren, das ist mein *kleiner* Bruder.«

Der Ältere sah gleichgültig zu mir herüber. Jetzt, wo sie es erwähnte, ja, eine gewisse Ähnlichkeit mit Nele war schon vorhanden, und auch Jans Haare hatten denselben Blondton, der mich schon bei Nele irgendwie an Karamellsirup erinnerte.

»Hallo Jan, freut mich.« Ich lächelte den *kleinen* Bruder mit seinen etwa ein Meter neunzig an.

Er nickte nur kurz und widmete sich dann wieder seinem Rührei. Okay, das war es dann wohl auch mit der Ähnlichkeit zu seiner aufgeschlossenen Schwester.

»Jan ist nicht gerade kommunikativ, aber sonst ganz in Ordnung. Was machst *du* da eigentlich?«

»Ich arbeite mich durch die Jobangebote.« Dann erzählte ich ihr von der Kündigung, von Camilla, Herrn Schröder und meiner allgemeinen beruflichen Situation.

Nachdem Jan und seine beiden Kollegen das Café verlassen hatten, stand Nele auf und räumte das Geschirr weg.

»Weißt du, Maren, das ist doch kein Problem.

Was hältst du davon, mir hier zu helfen? Du hast ja gestern gesehen, was hier nachmittags manchmal los ist und nächste Woche fangen die Sommerferien an. Alleine schaffe ich es nicht. Die Studentin, die hier bis Saisonende jobben wollte, hat letzte Woche kurzfristig abgesagt. Überleg es dir. Mein Angebot steht.«

»Aber, das ist ja großartig«, krächzte ich mit einem Kloß im Hals. »Da muss ich nicht lange überlegen.« Jetzt wurde vielleicht doch noch alles gut. Zumindest hatte ich erst einmal Zeit gewonnen.

Wir verabredeten uns für den nächsten Morgen, um die Formalitäten zu regeln. Anschließend würde mir Nele dann alles zeigen, worauf es ankam.

Gegen Mittag fuhr ich beschwingt zurück zum Hof. Ich war gespannt, was Onkel Piet zu meinem neuen Job sagte. Eigentlich konnte ich es selber noch gar nicht glauben.

Auf dem Stellplatz links neben dem Haus stand ein dunkelblaues Cabrio. Zunächst wunderte ich mich a) über das fremde, picobello geputzte Auto und b) warum überhaupt jemand auf dem ansonsten immer freien Stellplatz parkte, wo der Platz vor dem Haus nun wirklich groß genug war. Hier hätte man rund um das Blumenrondell einen ganzen Wochenmarkt veranstalten können. Nachdem ich aber bemerkte, *wie* der schicke Schlitten geparkt war, dämmerte es mir. Der Wagen stand parallel zur Hauswand und den Begrenzungssteinen des alten Pflasters, und zwar exakt in der Mitte des Stellplatzes. Die Abstände um das Auto herum waren absolut identisch. Das musste man erst mal hinkriegen! Jedenfalls kannte ich nur einen Menschen, der so etwas konnte oder besser gesagt *musste*: meine Cousine Karen! Sie hatte schon als kleines Kind diesen Spleen. Damals stellte sie ihren Puppenwagen nicht einfach in den Flur, nein, sie rückte lieber noch Tante Annis Bodenvase zur Seite, damit das Gefährt genau im Zentrum des Eingangs platziert werden konnte. Es war mir immer schon ein Rätsel, wie zur Hölle sie das hinbekam, denn die Abstände waren perfekt. Als sie älter wurde, machte Karen das auch mit ihrem Fahrrad und später mit ihrem Motorroller so. Das wäre an sich ja kein Problem, aber sie machte das tatsächlich JEDES Mal! Es war ein richtiger Zwang und offensichtlich hatte sie diese Unart bis heute beibehalten.

Trotzdem musste ich lachen, als ich mein Fahrrad abstellte, ohne vorher irgendwelche Berechnungen anzustellen.

»MOOOPSI!«, schrie ich schon am Eingang, so wie früher. Als ich in die Küche lief, kam mir Karen schon etwas pikiert entgegen.

»Hallo Maren. So kannst du mich heute aber wirklich nicht mehr nennen.«

Mopsi hatte zugegebenermaßen mittlerweile einen Luxuskörper. Früher war sie klein und dick gewesen, ich groß und schlaksig, weshalb sie mich immer *Bohnenstange* genannt hatte.

»Sorry, aber für mich ist hier immer noch alles beim Alten.« Stürmisch umarmte ich sie und fragte mich einen Augenblick, ob ich mich wohl richtig im Raum positioniert hatte.

»Woher wusstest du eigentlich, dass ich da bin?«

»Och, das war nur so eine Vermutung.« Über ihre Schulter hinweg sah ich, wie Onkel Piet mir zuzwinkerte. »Ich dachte, du wärst noch im sonnigen Süden und amüsierst dich mit einem knackigen Surflehrer.«

Sie löste sich aus meiner Umarmung. »Ich bin gestern zurückgekommen und der Surflehrer war ein Idiot, aber der Tennislehrer war ein Traum«, Karen schnalzte verzückt. »Na, und wenn sich meine große Cousine mal wieder blicken lässt ...« Sie musterte mich von oben bis unten. »Und ich dachte, in der Großstadt kleidet man sich, naja, extravagant.«

Irritiert zog ich meine Oberlippe ein und sah an mir hinunter.

»Stimmt!«, sagte ich selbstbewusst, schließlich war ich die Cousine aus der Stadt, »In Berlin schon, aber jetzt mache ich ja Urlaub in der Provinz. Da reichen Jeans und Pulli.« Ich grinste sie schräg an.

Gut, Karen war ja schon immer das Gegenteil von mir gewesen. Nun war sie *perfekt* zurechtgemacht. Ihre langen, goldblonden Haare hatte sie wahrscheinlich stundenlang mit einem Glätteisen malträtiert – ohne dass ihnen diese Tortur geschadet hätte – und sie dann streng aus dem Gesicht zu einem *perfekten* Zopf zusammengebunden. Ihr Make-up war von der Foundation bis zum Lipgloss sorgfältig ausgewählt und ebenso aufgetragen. Ihre schlanke Gestalt war in eine beigefarbene Marlene-Hose mit *perfekter* Bügelfalte gehüllt. Darauf trug sie ein schwarzes, schulterfreies Top mit Rollkragen. Ihre *perfekt* gegliederten Zehen wurden durch elegante schwarze Riemchensandaletten *perfekt* in Szene gesetzt. Dass ihre Nägel hochglanzmagazintauglich lackiert waren, verstand sich von selbst.

Vor lauter Perfektion hatte ich nun Hunger auf was Bodenständiges.

»Mettwurst-Stulle?«, ich deutete in Onkel Piets

Richtung, der gerade herzhaft in sein Wurstbrot biss.

»Bitte? *So etwas* esse ich nicht!« Karen sah mich entsetzt an. »Glaubst du, ich gehe fünfmal die Woche ins Fitnessstudio, um mir mit *so etwas* die Figur zu ruinieren?«

»Solltest du aber«, schmatzte Onkel Piet, »das macht gute Laune.«

»Also, mir knurrt der Magen.« Ich schnitt zwei Scheiben Bauernbrot ab, bestrich diese dünn mit Butter und belegte sie dafür umso dicker mit luftgetrockneter Mettwurst. Onkel Piet nickte mir wohlwollend zu.

Beim Essen berichtete ich endlich von meinem neuen Job. Onkel Piet lächelte verschmitzt, als hätte er schon damit gerechnet, der Schlawiner. Karen gratulierte mir zwar, aber ich wusste, dass sie nicht verstehen konnte, warum ich in meinem Alter noch immer keine feste Anstellung in meinem erlernten Beruf hatte.

Sie selber war Anwaltsgehilfin und arbeitete in der Kanzlei, in der sie schon ausgebildet wurde. So war das hier eben: wenn man erst mal eine feste Beschäftigung hatte, dann blieb man auch bis zur Rente dabei. Sehr beruhigend, aber irgendwie doch auch stinklangweilig. Nun ja, die Schleswig-Holsteiner galten immerhin als die zufriedensten Menschen bundesweit. Ich jedenfalls freute mich über meine neue Tätigkeit.

Als Karen begann, von ihrem Urlaub zu erzählen, stand Onkel Piet auf.

»Ich hau mich ein paar Minuten aufs Ohr. Ich muss heute noch aufs Feld.«

Karen und ich grinsten uns an. Seit ich denken

konnte, gab es keinen Tag, an dem Onkel Piet auf sein Mittagsschläfchen verzichtet hatte.

Wir gingen hinaus in den Garten und setzten uns auf die beiden Schaukeln, die sich noch immer in tadellosem Zustand befanden. Früher hatten wir stundenlang gemeinsam geschaukelt und dabei lauthals peinliche Schlager gesungen. Als wir dann älter wurden, saßen wir so da, drehten uns mit der Schaukel einfach nur ein oder schwangen ein bisschen hin und her und hatten über alles – meist Jungs – geschnackt. Wir hatten uns lange nicht gesehen und weil wir auch nie miteinander telefonierten, gab es eine Menge zu erzählen. Hach, es war genau wie früher. Herrlich!

Während Ewa zum Abendessen einen großen Kessel gebracht hatte, war Karen aufgebrochen, um pünktlich zu ihrem *Krav Maga*-Training zu kommen. Keine Ahnung, was das sein sollte, aber das hatte ich natürlich nicht gesagt, sondern als die Kosmopolitin, für die sie mich hielt, nur unbeeindruckt genickt.

Onkel Piet rieb sich die Hände.

»So bleibt mehr für uns.«

Wie ich Ewa kannte, reichte das Essen auch für eine Großfamilie. Außerdem würde sich Karen ihre perfekte Figur wohl kaum mit polnischem Eintopf ruinieren.

»Ich hoffe, Nele bezahlt dich nicht in Naturalien. Sonst passt du hier bald nicht mehr durch die Tür.« Onkel Piet griente und nahm sich einen tüchtigen Nachschlag von Ewas Eintopf.

»Das musst *du* gerade sagen, so ein polnischer Eintopf hat es ganz schön in sich.«

»Quatsch! Da ist Sauerkraut drin. Das ist gesund. Weiß doch jeder.«

»Schon klar. Neles *Clafoutis* ist auch gesund, sind schließlich Aprikosen drin.« Ich imitierte Onkel Piets Tonfall und streckte die Zunge raus.

Den weiteren Abend verbrachten wir in der Stube. Onkel Piet saß im Sessel und zündete seine Pfeife an. Zu seinen Füßen schlief Lilli. Minka lag schnurrend neben mir auf dem kleinen Canapé, wo ich es mir mit meinem Notebook bequem gemacht hatte. Ich notierte, was ich Nele morgen alles fragen wollte. Dann erstellte ich noch eine Tabelle, in der ich meine Kosten auflistete. Als ich mir einen groben Überblick verschafft hatte, klappte ich das Notebook zu, lehnte mich zurück und sah zur Decke hinauf.

»Weißt du, dass mich Ewa irgendwie an Tante Anni erinnert?«

»Ich weiß, mien Deern, ich weiß.« Onkel Piet zog zufrieden an seiner Pfeife.

Ewa war offensichtlich die Tochter, die er nie hatte. Nach einer Unterleibsoperation als junges Mädchen hatte Tante Anni keine Kinder bekommen können. Sie war allerdings keineswegs verbittert darüber gewesen, sondern hatte stets ein offenes Haus gepflegt, und die Kinder aus der Nachbarschaft waren oft und gerne gekommen. Sie hatten auf der großen Wiese oder im Stall gespielt und beim Obstpflücken, Marmeladekochen und Kuchenbacken geholfen. Anschließend hatte es dann eine große Kanne warmen Kakao mit Kuchen oder Marmeladenbroten gegeben. Auch Onkel Piet hatte das ganze Spektakel sichtlich genossen. Er war dann aber auch immer froh gewesen, wenn er abends seine Anni wieder für sich ganz alleine hatte.

Wie verabredet, betrat ich morgens pünktlich um halb acht meine neue Wirkungsstätte. Nele hatte schon Kaffee für uns bereitgestellt und die anderen Tische eingedeckt. Meine Notizen vom gestrigen Abend brauchte ich gar nicht. Nele erklärte mir ungefragt alles ganz ausführlich. Sie erläuterte die Arbeitszeiten, wies mich in das Thema Lebensmittelhygiene ein, schilderte die Funktionsweise der Registrierkasse und zeigte mir, wo sich was befand und vor allem warum.

»Den Kaffeeautomaten werde ich vorerst noch selber bedienen, da gibt es einige Besonderheiten zu beachten. Die werde ich dir nach und nach verraten. Ich habe das Ding zwar nur gebraucht erstanden, aber es hat so viel wie ein Kleinwagen gekostet.«

Voller Ehrfurcht betrachtete ich das Edelstahlmonstrum mit seinen Manometern, Düsen und zig Knöpfen. Nele lachte. »Naja, ein ganz winziger.«

Als sie sich kurz vor neun erhob, um das Frühstück für Jan und dessen beiden Kollegen vorzubereiten, war ich dankbar für die kurze Unterbrechung. Obwohl mir vor lauter Informationen der Kopf schwirrte, war ich überzeugt, dass ich mir das alles rasch würde merken können.

Bis kurz vor Mittag waren wir fürs Erste durch. Da ich sowieso vorhatte, bis zum Arbeitsantritt nächste Woche, jeden Tag vorbeizuschauen, würde ich mir alles noch genauer aus Gästesicht ansehen. Dabei konnte man ganz entspannt eine Menge lernen. Außerdem gefiel es mir hier einfach richtig gut und ich fühlte mich unglaublich wohl. Mit Nele hatte ich mich auf Anhieb verstanden, also war ich zuversichtlich, dass mir die kommenden Wochen nicht nur finanziell entgegen kämen, sondern dass ich ganz bestimmt viel Spaß haben würde. Irgendwie hatte ich das starke Gefühl, dass dies nur der erste Schritt war, der einen großen Stein ins Rollen brachte. Ich war mir sicher, dass diese Entscheidung mein ganzes Leben verändern würde.

7

Die nächsten Tage verbrachte ich damit, die Gegend noch weiter per Fahrrad zu erkunden. Es wäre ja möglich, dass mich Café-Gäste nach Sehenswürdigkeiten, besonders schönen Radstrecken oder dem schnellsten Weg zum Strand fragten.

Bis auf einen Tag spielte auch das Wetter mit; also nahm ich den Bus und erweiterte so meinen Radius. Unterwegs fungierte der Busfahrer exklusiv für mich als Reiseführer.

Als ich beim Fahrkartenlösen sagte, »Einmal *Koogstraat,* bitte«, sah er mich verwirrt an.

»Aber, das hier ist die Haltestelle *Koogstraat.*«

»Richtig. Und genau hierhin will ich wieder zurück.« Mit dem Zeigefinger zog ich einen Kreis in die Luft.

Er verzog den Mund und kratzte sich am Hinterkopf. Dann hellte sich seine Miene auf.

»Nu hab ich das verstanden. Sie wollen einmal rund fahren.«

»Ganz genau.« Mein Gott, ein Schnellblicker. Was war denn daran so ungewöhnlich? In Berlin fuhren die Touris schließlich auch mit dem 100er-Bus und klapperten alles Sehenswerte ab.

»Und warum?«

Ufff. Ich wollte schon sagen »Sei mein 100er-Bus«, aber das hätte erst recht nichts gebracht.

Nachdem ich dem Busfahrer erklärt hatte, dass ich mich für die Umgebung und vor allem für die einzelnen Haltestellen interessierte, war alles geritzt und er fuhr endlich los. Er kommentierte dann aber auch wirklich ALLES. Zumindest kannte ich jetzt sämtliche Haltestellen und wusste, wo es Bushäuschen gab, falls ich beim Radeln mal vom Regen überrascht würde. Nach meinen Erkundungstouren kehrte ich immer bei Nele ein und auch die Abende verliefen meistens nach demselben Muster: Um Punkt achtzehn Uhr brachte Ewa das Abendessen für Onkel Piet und mich herüber. Anschließend saß ich dann mit ihm, Lilli und Minka in der Stube. Ab und zu aßen aber auch alle zusammen in Onkel Piets gemütlicher Küche. Die kleine Paulina fremdelte mir gegenüber zwar nicht mehr so doll, aber weigerte sich noch immer, mit mir zu sprechen. Sie schüttelte allenfalls mal den Kopf oder zeigte auf etwas, das ich ihr geben sollte. Ich musste mich anstrengen, dies nicht persönlich zu nehmen, zumal sich die Kleine selbst mit Lilli angeregt unterhielt.

Zwischendurch updatete ich meine WG-Mädels telefonisch bezüglich meines neuen Jobs. Danni war begeistert und bestärkte mich in meinem Vorhaben. Auch sie war überzeugt, dass sich etwas erst dann zum Guten wenden konnte, wenn man einen ersten Schritt setzte. Elena fand die Idee, bei Nele zu »kellnern«, zwar nicht gerade überwältigend, aber auch sie hieß es gut, dass ich überhaupt aktiv wurde und vor allem auch noch so schnell! Das hatte sie doch sehr überrascht. Ja, ich hatte ausnahmsweise einmal eigenständig eine Entscheidung getroffen und das auch noch ohne ewig langes Abwägen des Für und Wider. Das war neu. In Berlin dagegen war alles beim Alten, außer dass unsere Waschmaschine wohl bald den

Geist aufgab. Die einzelnen Waschprogramme ließen sich nicht mehr regeln und mit viel Glück entschied sich der alte Kasten für das Richtige. Eine Reparatur lohnte sich nicht mehr und das war echt blöd, aber ich musste trotzdem laut lachen, als Elena erzählte, Dannis geliebte Froschkönigpuschen seien auf Babyschuh-Format geschrumpft. Sie hatten ihr majestätisches Aussehen eingebüßt und erinnerten nun an zwei an die Wand geklatschte Frösche.

***

Montagmorgen schwang ich mich schon um neun Uhr auf mein Rad und fuhr zum Café. Meine Schicht begann zwar erst um elf, aber ich war hochmotiviert und auch ein bisschen aufgeregt. Deshalb wollte ich noch in aller Ruhe meinen obligatorischen *Café au Lait* trinken.

Als ich das *Petit Café* betrat, standen Jan und seine Begleiter gerade auf. »Hallo, ihr drei. Na, schon wieder auf dem Sprung?«, freundlich lächelte ich ihnen zu.

»Mm.« Jan nickte ohne mich anzusehen und sie gingen hinaus.

Ja, das war eine doofe Frage, aber hey, ich wollte nur nett sein. Blödmann!

»Moin, da kann es wohl jemand nicht mehr erwarten, was?«, rief mir Nele fröhlich vom Tresen entgegen.

»Nur weil jetzt wieder der Ernst des Lebens beginnt, werde ich doch nicht auf meinen Morgenkaffee verzichten.« Entspannt ließ ich mich auf meinen neuen Stammplatz, am Tisch direkt neben der

Theke, sinken.

»Sag mal, bist du wirklich sicher, dass Jan dein Bruder ist? Ich meine, Du – freundlich. Er – stoffelig.«

»Oje, jetzt hast du unser Familiengeheimnis durchschaut. Also gut, hier die Details: Meine leibliche Mutter war ein richtiges Flittchen und hat sich ständig mit Erntehelfern eingelassen. Deshalb hat mein Vater sie in die Wüste geschickt und Jans Mutter geheiratet. Naja, was soll ich sagen? Seine Mutter konnte auch nie treu sein und deshalb sind wir noch nicht einmal Halbgeschwister.«

Mit großen Augen sah ich sie an. »Das ist ja schrecklich. Tut mir leid, dass ich davon angefangen habe.«

»Du glaubst ja wohl auch jeden Müll!« Nele stellte kopfschüttelnd den Kaffee auf den Tisch und knuffte gegen meine Schulter.

»Aua. Na, das fängt ja gut an. Misshandlung durch den Arbeitgeber! Das wird teuer!«

Der erste Arbeitstag verging wie im Flug. Man merkte, dass die Ferien begonnen hatten. Es war am Nachmittag wesentlich mehr los, als an den vergangenen Tagen. Da waren zwar auch fast immer alle Plätze besetzt gewesen, aber jetzt gaben sich die Gäste die Klinke in die Hand. Es war nicht mehr so ruhig und entspannt wie gehabt, aber Nele war der Stress überhaupt nicht anzumerken. Sie bewältigte alles ganz souverän und hatte immer noch Zeit für einen kurzen Schnack mit den Gästen.

Ich hatte dagegen noch ein wenig Mühe, mir alle Bestellungen zu merken, aber es klappte insgesamt besser, als ich anfangs dachte. Und so war ich am

Abend total geschafft, aber glücklich.

Nele war ebenfalls zufrieden mit mir. »Super! Und ganz ohne Scherben.«

Am nächsten Morgen kam ich erst gegen halb elf im Café an, so blieb mir zum Glück noch Zeit für ein Frühstück, was ich nach dem Duschen nicht mehr geschafft hatte.

»Moin, Maren. Jetzt hast du meinen Bruder verpasst. Naja, dafür lernst du gleich den Großteil der Familie kennen.«

Während ich mein Croissant in den Kaffee tunkte, betrat ein großer, dicker Mann mit lustigen Kulleraugen das Café. Er trug eine große Plastikkiste mit diversen Lebensmitteln. Im Schlepptau hatte er einen etwa vierzehnjährigen Jungen, ebenfalls mit Plastikkiste. Die Dritte im Bunde war eine große, schlanke Frau mit zwei Tortenbehältern. Die Ähnlichkeit mit Nele war so auffallend, dass es sich nur um ihre Mutter handeln konnte. Die Kisten wurden in den Nebenraum gebracht und Nele nahm die Torten entgegen. Ich stand auf, um dabei zu helfen.

»Also, das ist Maren. Maren, das sind meine Eltern und das ist Sven, mein Sohn.«

Neles Vater streckte mir freundlich die Hand entgegen. »Ah, die Christiansen-Deern.«

»Guten Tag, Herr ..., oh, ich kenne nicht mal Ihren Namen.« Ich wusste nur, dass Nele mit Nachnamen Hansen hieß, aber ihren Mädchennamen kannte ich nicht, schließlich hatte sich ihr merkwürdiger Bruder ja nicht mal richtig vorgestellt.

»Andresen, aber sag ruhig Hinnerk. Wir duzen uns hier alle.« Kraftvoll schüttelte er meine Hand.

»Freut mich, Maren. Ich bin Hanni.« Neles Mutter drückte mich herzlich und auch Sven begrüßte mich aufgeschlossen. Ich war erstaunt, dass es tatsächlich noch ungepiercte Jugendliche gab, die ihre Hose nicht auf halb acht hängen hatten und einen mit *High five* oder *Läuft bei dir* begrüßten. Nein, Sven war ein netter, gepflegter Junge, aber kein Außenseiter-Bübchen. Also ganz normal, wie ein Junge zu meiner Zeit – oh Gott, wie das klang – aber im Nu kam ich mir nicht mehr so spießig vor wie sonst in Gegenwart der Berliner Ghetto-Jugend.

Um Nele zu entlasten, erledigten Andresens dienstags immer den Haupteinkauf für das Café. Hanni bereitete einen Großteil der Torten zu und Sven leistete in den Ferien ebenfalls seinen Beitrag.

Laut Nele war Hinnerk ein Allroundtalent. Vor dem Ruhestand war er Installateur gewesen, konnte auf dem Markt verhandeln wie ein Berber und hielt im Café die Gäste bei Laune. Der lustige Mann mit dem kugelrunden Bauch hatte immer einen Witz auf Lager und Nele beauftragte ihn gerne mit Botengängen, die er voller Freude erledigte.

Nachdem noch weitere Kisten mit Kaffeebohnen, Milch und edler Confiserie sowie unzählige Kuchenbehälter hereingetragen wurden, half ich Neles Mutter die Köstlichkeiten appetitlich anzurichten. Sven brachte noch Boxen mit Salatköpfen, Tomaten, luftgetrockneter Salami und einen ganzen Arm voll Baguettes in den Nebenraum. Beim Anblick der ganzen Kisten wurde mir zum ersten Mal bewusst, was die nächste Zeit auf mich zukam. Außerhalb der Saison schmiss Nele das Café überwiegend alleine. Ihr Mann Nils war den ganzen Tag entweder in der

Praxis oder klapperte die Höfe seiner Patienten ab. Deshalb war Nele froh, dass ihre Eltern halfen, wo sie konnten. Hanni kümmerte sich neben dem Backen noch um den Haushalt und war auch für Sven da. Der Junge half ebenfalls ganz selbstverständlich mit. Er war gut in der Schule, ohne ein Streber zu sein, und hatte eine Menge Freunde. Sein Taschengeld besserte er zudem mit Rasenmähen in der Nachbarschaft auf.

Das war wirklich eine unglaublich liebenswerte Familie. Jan dagegen war völlig aus der Art geschlagen. Mir fiel wieder Neles Geschichte von den Erntehelfern ein. Vielleicht war Hanni ja doch ein klitzekleines Mal untreu gewesen?

***

Die erste Woche raste nur so vorbei. Wir hatten jede Menge zu tun, aber es fühlte sich überhaupt nicht nach Arbeit an. Es machte unglaublich viel Spaß und wir hatten zwischendurch sogar Zeit, zusammen Kaffee zu trinken und ein bisschen zu tratschen. Zusätzlich verbrachte ich praktisch meine ganze Freizeit im Café.

Unter der Woche kamen frühestens zur Mittagszeit die ersten Gäste, von unserem Handwerkertrio mal abgesehen. Das Wochenende stand dagegen ganz im Zeichen von Neles inzwischen sehr berühmten Köstlichkeiten-Brunchs. Das bedeutete von zehn bis fünfzehn Uhr Stress pur. Ab drei kamen dann schon wieder die ersten Kaffeegäste, die sich später mit Quiche-, Flammkuchen- und Baguettefans die Klinke in die Hand gaben. Meinen Beitrag leistete ich, indem ich immer wieder neue Varianten kreierte, die uns förmlich aus den Händen gerissen wurden. Ich hätte nie gedacht, dass sich zwei Leute um so viele Gäste gleichzeitig kümmern konnten, dabei kein Chaos anrichteten und auch noch gut gelaunt waren. Für den Notfall standen zwar noch Neles Eltern auf Abruf bereit, aber ich fand, wir waren ein tolles Team. Nele sah das genauso und kündigte mir bereits für den ersten Monat eine Lohnerhöhung an.

Auch zuhause bei Onkel Piet verlief alles bestens. Wenn ich nicht gerade todmüde war, saßen wir in der Stube mit Pfeife, Lilli und Notebook.

Seit ich im Café arbeitete, aß ich, wenn überhaupt, später alleine zu Abend. Ewa traf ich fast jeden Morgen, wenn sie zum Klarschiffmachen rüber kam. Paulina sprach zwar noch immer nicht mit mir, aber das musste sie auch gar nicht. Schließlich war ich das inzwischen von Jan gewöhnt. Olek sah ich meist auf dem Hof beim Fachsimpeln mit Onkel Piet oder auf dem Weg zum Café. Er winkte mir dann vom Traktor aus zu. Das war meine kleine, kitschige, aber doch so schöne Idylle.

Irgendwann musste ich mir jedoch wieder eine andere Arbeit suchen, denn ich konnte mir nicht vorstellen, dass die Gästezahl auch in der Nachsaison noch die Kosten des Cafés decken und zwei Leute ernähren konnte. Außerdem war da ja auch noch mein Zimmer in Berlin, also musste ich mir etwas einfallen lassen, für die Zeit nach dem *Petit Café*. Ich hatte zwar einiges auf der hohen Kante, aber das wollte ich auf keinen Fall zur Deckung meiner laufenden Kosten verpulvern.

Neulich war ich bei meiner Internetrecherche nach inspirierenden Rezepten über einen tollen *cookblog* gestolpert. Der hatte mir Lust auf mehr gemacht. Vielleicht war das etwas für mich. Dann könnte ich endlich mal journalistisch tätig werden, ohne an eine Redaktion gebunden zu sein. Ich würde über lauter Themen schreiben, die *mir* gefielen. Und die ersten Fotos könnte ich bei Nele machen. Das wäre auch gleich eine tolle Werbung für das Café.

»Nele, was hältst du von einem *foodblog*?« Erwartungsvoll sah ich sie an.

»Was für ein Block?«

»BLOG. Du weißt schon: bloggen, Internet?«

»Ach so, das meinst du. Was soll ich schon davon halten?«

Eine geschlagene halbe Stunde ballerte ich ihr alle Ideen um die Ohren. Meine Begeisterung eskalierte regelrecht. Auf jeden guten Einfall folgte ein noch viel tollerer. Hach, ich war richtig in Fahrt!

Nele fand das Konzept insgesamt vielversprechend, war aber lange nicht so euphorisch wie ich, was vermutlich daran lag, dass sie ihre Passion ja bereits gefunden hatte.

»Und mit so einem Blog kann man Geld verdienen?«

»Naja, am Anfang sicher noch nicht. So etwas dauert, aber wenn ich das jetzt erst mal nebenbei aufbaue, dann ergeben sich doch immer weitere Möglichkeiten. Ich sehe da schon ein enormes Synergiepotenzial.«

»Hmm, du könntest vielleicht mal mit Henrik sprechen. Du weißt schon, der Fotograf, der vor ein paar Tagen hier war. Der bloggt über seine Reisen.«

»Der verwegene Biker mit den dunklen Haaren und dem umwerfenden Lächeln?«, fragte ich säuselnd und klimperte mit den Wimpern.

»Ja, genau der.«

»Nee, an den erinnere ich mich nicht!«

Nele boxte mir gegen den Oberarm. »Blöde Henne!«

8

Nachdem sich Henrik bis jetzt noch nicht wieder hatte blicken lassen, wurde ich langsam ungeduldig.

»Neeele?« Ich zwirbelte eine Haarsträhne um den Finger. »Du kannst Henrik nicht zufällig mal anrufen und fragen, ob er vorbeikommt?«

»Wie ich ihn kenne, schneit er sowieso morgen oder übermorgen wieder rein. So macht er das immer. Wenn er monatelang weg war, bleibt er anschließend immer einige Wochen bei seinen Eltern und dann muss er alle paar Tage wieder unter Leute und landet schließlich hier.«

Als ich an diesem Abend gerade mein Fahrrad aus dem Ständer hob und Nele das Café zuschloss, näherte sich ratternd ein Motorrad mit zwei Personen. Die hintere nahm ihren Helm ab und ich erkannte Neles Mann. »Na, ihr zwei. Auch endlich Feierabend? Ich wollte noch eine kleine Tour mit Henrik machen. Mal sehen, was der olle Hobel noch so hergibt.«

»Hallo, Nils. Meinst du jetzt das Motorrad oder den Fahrer?«

»Witzig, Maren, sehr witzig.« Nils schüttelte den Kopf und Henrik lächelte. Ja, ich war schon mal besser, aber bei *der* Vorlage.

Nils hatte noch etwas mit Nele zu besprechen, was mir die Gelegenheit gab, Henrik mit meinem Anliegen zu überfallen.

Er fand meine Idee super und versprach mir beim Aufbau meines *foodblogs* zu helfen. Wir verabredeten uns für morgen zum Frühstück im Café. Das klappte ja wie am Schnürchen.

Heute Abend wollte ich endlich mal wieder mit meiner WG telefonieren. Danni war begeistert von meinem Vorhaben, was eigentlich nichts Neues war, mich aber trotzdem freute. Selbst von Elena erhielt ich ein dickes Lob, aber die Tatsache, dass ich nun einen Helfer hatte, interessierte sie weitaus mehr als der Blog.

»Und? Wie sieht er aus?« Elenas Neugier hatte ich selbst heraufbeschworen, als ich davon erzählt hatte, einen gefragten Fotografen kennengelernt zu haben, der um die Welt reiste. Ja, ich gebe zu, ich wollte mir einen kleinen Bonus bei ihr verschaffen.

»Och, wie sieht er aus? Tja, ganz normal würde ich sagen. Groß, durchtrainiert, dunkle, etwas verwuschelte Haare, lässige Klamotten. So ein Latino-Typ eben. Wie gesagt, ganz normal.« Ich wusste, dass genau das die Attribute waren, auf die Elena ansprang. Okay, jetzt war ich die Oberflächliche. Dabei hatte ich mir Henrik noch gar nicht so genau angesehen, aber das wollte ich gleich morgen nachholen.

Nachdem wir noch eine Weile gequatscht hatten und ich mir Dannis »*Go!*« und Elenas Bewunderung eingeholt hatte, ordnete ich die unzähligen Infos, auf die ich am Morgen bei meinen Recherchen gestoßen war. Schließlich wollte ich nicht ganz unvorbereitet sein.

***

Henrik blickte konzentriert auf seinen Bildschirm. Er hatte ebenfalls sein Notebook mitgebracht und ich nutzte die Gelegenheit, ihn einer genauen Inspektion zu unterziehen. Schließlich saß ich ganz dicht an ihm dran. Ich hätte sogar die kleinen Bartstoppeln an seinem Kinn zählen können.

Latino-Typ? Nicht ganz. Er hatte dunkelbraunes, wuscheliges Haar und er sah wirklich nicht schlecht aus. Also, eigentlich sah er sogar richtig, richtig toll aus! Ich hatte gegenüber Elena also nicht einmal gelogen.

Henrik war so ein Abenteurertyp, aber keiner von dieser gammeligen Sorte. Groß, sportlich schlank, aber nicht zu dünn und er war zum Glück keiner mit Nasenlöchern. Also, nee ... doch ... ja, natürlich hatte er Nasenlöcher, klar, aber eben keine, die frontal angeordnet waren, sodass man schon reinsehen konnte, wenn er noch auf der anderen Straßenseite stand. Oder womöglich solch riesige, in der beim Popeln gleich mehrere Finger verschwanden. Henrik jedenfalls hatte eine große, aber sehr schöne Nase. Seine Lippen waren sinnlich geschwungen und legten beim Lachen zwei Reihen strahlend weißer Zähne frei. Und dann diese Augen! Haselnussbraun mit klitzekleinen, goldenen Reflexen und ... Oh, my God! Genau diese kleinen Goldfunken glitzerten mich gerade jetzt fragend an.

»Äh, was? Sorry, ich war gerade ... abwesend.«

Henrik lachte laut. Mann, der hatte aber auch wirklich tolle Zähne!

Wir klickten uns durch Henriks Reisereportagen-Blog. Die Fotos waren einfach sagenhaft und zeigten atemberaubende Landschaften und interessante Menschen.

»Wow! Du kommst ja weit rum«, ich war schwer beeindruckt. »Außer einmal in New York, habe ich mich immer nur innerhalb Europas aufgehalten. Meistens war ich im Urlaub, äh, hier!« Irgendwie kam ich mir jetzt wie ein Landei vor, obwohl doch ich die Großstädterin war.

Henrik lächelte. Aber wie! Einfach umwerfend! »Das ist nicht verkehrt. Ich lande nach meinen Reisen auch immer wieder hier. Außerdem gibt es hier einfach die schönsten Frauen«, zwinkerte er mir zu.

»Ach, echt?« Ich drehte mich um. Mal sehen. Ja, Nele war wirklich sehr attraktiv. Eine Schönheit würde ich sie zwar nicht nennen, aber sie sah toll aus. Mit geschätzten ein Meter achtundsiebzig war sie etwas größer als ich und sehr schlank, fast schon mager, aber das stand ihr ausgezeichnet. Sie hatte den aufrechten Gang einer Ballerina und ich konnte sie mir tatsächlich in einem längeren, seidigen Ballettkleid vorstellen. Ihre karamellfarbenen Haare hätte sie dazu, statt zu einem lockeren Pferdeschwanz wie sonst, straff zu einem Knoten gebunden. Ja, so konnte ich mir Nele richtig gut vorstellen. Obwohl ihr die engen Jeans mit einfachem Shirt und lässiger Bluse auch super standen, das musste man ihr lassen. Tja, ansonsten hatte ich hier noch nicht so viele einheimische Frauen gesehen, um Henriks Aussage seriös beurteilen zu können.

»Hallo? Maren. Wo bist du denn jetzt schon wieder mit deinen Gedanken?«

Schnell drehte ich mich wieder um und boah!

Tausend kleine Goldpünktchen funkelten mir entgegen.

»Äh ... nee du, äh ... ich bin ganz bei der Dings, äh Sache. Sprich nur weiter«, *und küss mich.*

Hey, Moment mal! Was war das denn? Henrik lächelte. Er lächelte! Herrje, hatte ich das gerade etwa laut gesagt? Shit! Shit! Shit! Er lächelte noch immer und ließ seinen Blick über jeden Zentimeter meines Gesichts streifen. Ich spürte, wie mir die Wärme in den Kopf stieg. Wenn ich rot wurde, bildeten sich immer kleine Schweißperlen über meiner Oberlippe. Na super, und jetzt breitete sich die Hitze über meinen ganzen Körper aus. »Ich ... ähm ... entschuldige mich einen Moment.« Hastig sprang ich auf und hechtete Richtung Toilette. Auf dem Weg dorthin zog ich Nele hinterher.

»He, was soll das? Spinnst du heute total?« Nele versuchte, sich aus meinem Griff zu lösen.

»Sag mal, *was* hab ich gerade zu Henrik gesagt?«

Nele sah mich an, als hätte ich gerade die Begründung der Relativitätstheorie für mich beansprucht.

»Du meinst außer *Äh* und *Ähm*?«

»Hab ich gesagt, dass er mich *küssen* soll?« Das Wort »küssen« sprach ich aus, als handele es sich dabei um eine ansteckende Krankheit.

Nele sah mich noch immer mit demselben Blick an.

»Geht's noch? Du bist ja total übergeschnappt.«

»Ja, kann sein. Aber ich weiß nicht, ob ich das nur ge*dacht* oder auch ge*sagt* habe!«

»Ich hab nichts gehört. Ich mache dir jetzt mal einen Kaffee mit Schuss. Vielleicht wirst du dann 'n büschen lockerer und quatscht nicht so einen Müll«, sie schüttelte den Kopf und verließ die Toilette.

Ich drehte den Hahn auf und ließ das eiskalte Wasser über meine Pulsadern laufen. Wie bescheuert konnte man sein? Nein, Maren, nicht mehr daran denken. Tief ein- und ausatmen ... Pffffff. Kritisch betrachtete ich mich im Spiegel. Meine Wangen hatten wieder ihren Ursprungston erreicht. So, jetzt noch einmal ganz von vorne, und zwar langsam und bedächtig. Und bloß nicht ablenken lassen. Schön konzentrieren, dann konnte nichts passieren.

Bedächtig ging ich zu Henrik zurück. Sein charmantes Lächeln ..., nein, jetzt bloß nicht wieder abschweifen! Also, sein Lächeln (!) hatte er gegen einen besorgten Blick eingetauscht.

»Entschuldige bitte, Henrik, aber ich hatte gerade Kreislaufprobleme.« Um meine Worte zu unterstreichen, fächelte ich mir mit der Hand Luft zu und setzte mich langsam hin.

»Ja, Nele sagte das schon. Geht es denn jetzt wieder oder soll ich dich lieber nach Hause bringen?« Ich sah, dass mich Nele mit bösen Blicken bombardierte.

»Nee, du, alles wieder in Ordnung.« Schnell lächelte ich Henrik an. Er war wirklich richtig süß! (Nein, das war keine Abschweifung, sondern eine Feststellung!)

Bis zu meinem Schichtbeginn zwang ich mich zu eiserner Konzentration und wir diskutierten über die Inhalte meines zukünftigen *foodblogs*.

Keine Ahnung warum, aber offensichtlich hatte auch Henrik Spaß an unserer Zusammenarbeit. Er hatte mir angeboten, die ersten Fotografien selbst anzufertigen und mir dabei zu erklären, worauf es ankam.

Am kommenden Morgen brachte Henrik seine Kamera mit, um mit den ersten Aufnahmen zu beginnen.
»Das ist ja ein heißes Teil«, sagte ich anerkennend.
»Ja, Henrik ist sehr begehrt in der Damenwelt, nicht wahr Henrik?« Nele zwinkerte ihm zu und beide lachten.
»Wie?« Schon wieder spürte ich diese unangenehme Hitze aufsteigen. »Ach so, hihi, ich meinte die Kamera! Hahaha!« Mühsam versuchte ich zu lachen, aber das nahm mir sowieso keiner ab.
»Du bist so süß, wenn du rot wirst«, hauchte mir Henrik lächelnd zu und strich mir eine Haarsträhne aus dem Gesicht.
Auf Kommando wurde ich zum Feuermelder. »Uuuuund danke!« Mit aufeinandergepressten Lippen und zusammengezogenen Augenbrauen sah ich ihn an. »Lass uns endlich anfangen.«
Wenn Elena von *Weißabgleich*, *sphärischer Abberation* oder *Bewegungsunschärfe* sprach, hatte ich immer auf Durchzug geschaltet, aber jetzt, in diesem Zusammenhang, klebte ich bei den Begriffen *RAW*, *Stitching* oder *Nightshot* an Henriks Lippen. (Jahaa, den besonders sinnlichen. Jetzt wissen wir's.)
Nele stand hinter dem Tresen und arrangierte das duftende Kleingebäck auf einer wunderschön verschnörkelten Etagere. Auf mein Zeichen hin begann Henrik mit seiner Fotosession. Da erst bemerkte Nele die Aktion und strahlte in die Kamera.

»Super, genau so habe ich mir das vorgestellt!« Vor lauter Begeisterung klatschte ich in die Hände.

Auf die Arbeitsplatte, wo wir immer die Baguettes zubereiteten, legte ich ein großes Olivenholzbrett und drapierte darauf ein blau-weiß kariertes Geschirrtuch. Dann schnitt ich ein Baguette der Länge nach auf und belegte eine Hälfte mit Tomaten, Oliven und hauchdünnen Scheiben einer französischen Salami. Anschließend begoss ich alles mit reichlich Olivenöl, so dass etwas auf das Holzbrett lief. Zum Abschluss streute ich ein paar frisch gezupfte Rosmarinnadeln darüber. Die andere Brothälfte legte ich schräg dagegen und arrangierte die verwendeten Zutaten auf und neben dem Brett. Immer wieder betrachtete ich mein Werk und verschob mal eine aufgeschnittene Tomate, dann wieder einen Rosmarinzweig. Ein paar Parmesanspäne konnten dem Ganzen auch nicht schaden. Die Brotkrümel ließ ich absichtlich auf dem Brett und der Arbeitsfläche liegen. Ja, das sah sehr ansprechend aus.

Henrik leuchtete das Stillleben mit zwei kleinen Scheinwerfern aus, und als er mit dem Ergebnis zufrieden war, begann er zu fotografieren.

»Was hältst du davon, wenn Nele und ich im Hintergrund rumlaufen?«, fragte ich ihn. »Vielleicht könntest du das so knipsen ... äh ... fotografieren, dass das Baguette im Vordergrund scharf ist und wir nur verschwommen zu sehen sind?«

»Lass mich nur machen.« Henrik verdrehte die Augen. »Ich schieße eine ganze Serie und dann können wir das später besprechen, ja?«

»Okeee «, willigte ich kleinlaut ein.

Er scheuchte uns ein bisschen herum, war aber

sonst ganz konzentriert, wobei seine Zunge ein kleines Stückchen zwischen den Lippen zum Vorschein kam. So niedlich!

Selbst als meine Schicht schon längst begonnen hatte, setzte Henrik seine Arbeit fort. Es störte mich noch nicht einmal, und auch Nele hatte sichtlich Spaß dabei.

Gegen Mittag betraten zwei kuriose Männer und eine freakige Frau das Café und bestellten »*Tee mit frischa Minzö*«. Aha, die kamen wohl auch aus Berlin.

Durch Henriks Fotografiererei kamen wir ins Gespräch und ich erfuhr, dass die Drei ebenfalls Blogger waren, gerade von einem Dänemarktrip kamen und noch ein paar Tage hier verbringen wollten.

Olli, ein Bär mit Glatze und geflochtenem Ziegenbart, machte irgendwas IT-mäßiges, was ich aber auch nach mehrfachem Erklären nicht verstand. Gregor, ein absoluter Bilderbuch-Nerd von der uncoolen Sorte, bloggte über Tattoos und Intimpiercings. Sylvie, ein Pummelchen mit pinker Hochschlagfrisur, kugelrunden Augen und schwingendem Rockabillykleid, unterhielt so etwas wie einen *Lifestyle-Blog* und war wohl inzwischen ganz gut vernetzt.

»Wow, da müssn wa unbedingt ma wat zusammen machn«, quietschte Sylvie vergnügt. »Wir könn uns ja jejenseitisch mit Jastbeiträje versorjen!«

»Super-Idee! Aber ich bin ja noch janz, äh, ganz am Anfang.«

»Macht nüscht, ick kann dir jerne ein bissjen wat zeijen, und wenne technische Fraren hast, stehn die Jungs parat, wa Jungs?!« Irgendwie musste ich gerade an Danni denken und nickte den Dreien freundlich zu.

Henrik war zwischenzeitlich mitsamt Fotoausrüstung wieder aufgebrochen, aber nicht ohne sich mit mir für morgen zu verabreden.

»Dann suchen wir die Fotos aus und ich zeige dir, worauf du bei der Auswahl achten musst.« Zum Abschied hatte er mir noch einen flüchtigen Kuss auf die Wange gedrückt und gelacht, weil ich schon wieder rot wurde. Mann!

Während das bizarre Trio aus Berlin bezahlte, tauschten Sylvie und ich noch die Handynummern aus und, neugierig auf ihren Blog, bat ich um ihre Webadresse. Gregor zwängte mir seine ebenfalls auf. Ooch.

Nach Feierabend rief ich noch kurz Sylvies Blog auf und war doch tatsächlich überrascht. So chaotisch verrückt sie auf mich gewirkt hatte, so aufgeräumt und übersichtlich war ihr Blog aufgebaut. Für meinen Geschmack ein wenig zu bunt, aber zu ihren Themen und der Vielfalt der einzelnen Gastblogger passte diese Aufmachung genau. Sylvie schrieb wirklich sehr gut. Alles wirkte genauestens recherchiert und die Berichte und Tipps waren echt interessant. So lernte ich Berlin von einer Seite kennen, die mir bisher noch nicht geläufig war. Sie schrieb über Clubs, deren Namen ich nicht mal aussprechen konnte, geschweige denn wusste, wo sich diese befanden, obwohl ich dort schon tausende Male vorbeigegangen sein musste. Die Cafés, Kneipen und Restaurants, die Sylvies Kritik unterzogen wurden, kannte ich ebenso wenig, wie die total witzigen Klamottenläden, die sich meist fernab der bekannten Straßen in irgendwelchen Hinterhöfen befanden. Immerhin kannte ich eines der Independentkinos, was es inzwischen aber wohl nicht mehr gab, wie Sylvie mit Bedauern schrieb.

Untermalt hatte sie ihre Beiträge mit lustigen Selfies und supergruten Zeichnungen im Comicstil. Ob die wohl von ihr stammten?

Ja, tatsächlich, da war ein Link zu einer anderen Seite, die Sylvie beim Zeichnen zeigte und alle Comics aus ihrer Feder auflistete. Das also machte sie beruflich. Dabei hatte ich zunächst vermutet, sie würde wegen ihrer leuchtend pinken Haare als Maskottchen im Bereich Telekommunikation arbeiten. Schwer beeindruckt kopierte ich ein paar ihrer Seiten in meinen Recherche-Ordner, damit ich zuhause offline an einem Konzept für meinen Blog basteln konnte.

Auf dem Zettel mit Sylvies Webadresse stand ja auch noch die von Gregor, aber bereits der Name von dessen Blog – *Tattoos-und-Doedelnieten* – bereitete mir Angst. Das musste ich mir nun wirklich nicht ansehen; mir reichte schon meine Phantasie zu diesem Thema. Um diese Bilder wieder aus dem Kopf zu kriegen, klickte ich schnell noch mal auf Henriks Blog.

Ach, die Aufnahmen waren so ansprechend und stilvoll, dass ich Gregors Passion im Nu verdrängt hatte. Das Foto aus einem Dorf im Senegal gefiel mir besonders. Darauf saß er inmitten einer Horde von

Kindern auf dem staubigen Boden und lachte direkt in die Kamera. Von Nele unbemerkt lud ich mir dieses Bild auch noch schnell runter. So als kleines Betthupferl für später.

Am nächsten Morgen hatte ich etwas länger geschlafen als sonst und kam erst im Café an, als Jan bereits über seinem Rührei saß. Nanu, heute waren sie zu viert. Das war ja mal ganz was Neues. Gerade wollte ich Jan darauf ansprechen, obwohl ich nicht mit einer Antwort rechnete, als Henrik durch die Tür kam.

»Guten Morgen, Schönheit.« Er lächelte und prompt glühten meine Wangen. »Wie hast du geschlafen? Ich hoffe, du hast von mir geträumt.«

Tja, das hatte ich tatsächlich und fühlte mich deshalb ertappt, aber jetzt war ich ja sowieso schon rot, also säuselte ich: »Ja, klar. Von wem denn sonst?« Es entging mir nicht, dass Jan dabei kurz aufsah und die Augen verdrehte.

Nele setzte sich zu uns und wir sichteten sämtliche Fotos. Bis auf ein paar fand ich wirklich alle toll, aber Henrik sortierte mit dem typischen Fotografenjargon ruckzuck etwa zwei Drittel der Aufnahmen aus. Mein Protest schien ihn überhaupt nicht zu stören und Nele zuckte nur mit den Schultern.

9

Nach wenigen Tagen, zahllosen Tipps von Henrik und tatkräftiger Unterstützung durch Olli, den IT-Bären, stand mein Blog! Von allen Seiten erhielt ich Lob, und das machte mich stolz wie Bolle. Jeden Abend verfasste ich neue *Posts* mit entsprechenden Fotos von unseren kulinarischen Kreationen, die ich immer gleich am nächsten Morgen hochlud.

Das schönste Kompliment aber war, als einige der Gäste sagten, dass erst mein *foodblog* sie auf das *Petit Café* aufmerksam gemacht hatte und tatsächlich: Täglich kamen mehr Gäste.

»Sag mal, Nele, was hältst du davon, draußen vor der Veranda auch ein paar Bänke und Tische aufzustellen? Das Wetter soll sich ja noch halten. Wir könnten das Ganze mit *Petit Pique-nique* betiteln.«

»Mensch, Maren, das ist ja eine großartige Idee!« Nele sprang auf mich zu und erdrückte mich fast. »Ich werde gleich mal mit Jan sprechen, wegen der Bänke.«

»Wieso mit Jan? Der ist doch Zimmermann.« Das war praktisch schon alles, was ich über ihn wusste. Nicht, dass sich zwischenzeitlich seine Zunge gelöst und er es mir verraten hätte, aber selbst mir war das typische Outfit der Zimmerleute bekannt.

»Jaaaha. Und Zimmermänner arbeiten mit ... Holz.« Nele betonte die Worte, als habe sie es mit einer Fünfjährigen zu tun.

»Apropos Jan. Was sind das eigentlich immer für Jungs bei ihm? Ich dachte, es wären Kollegen, aber die sind gar nicht wie Zimmerleute angezogen.« Bis jetzt hatte ich nie nachgefragt, was es denn mit seinen Begleitern auf sich hatte, aber irgendwie war ich schon neugierig.

»Die sind Teil seines Projekts. Er kümmert sich um chancenlose Jugendliche, zum Beispiel Schulabbrecher, damit sie nicht auf die schiefe Bahn geraten. Jan meint, sie seien ja nicht zwangsläufig blöd, nur weil sie keine Bildung haben. Meist hätten die handwerklich richtig was drauf, seien aber noch nie damit konfrontiert worden. Und so hat er einen Verein gegründet, in dem verschiedene Handwerksbetriebe diese Jungs beschäftigen. Es ist so etwas wie ein bezahltes Praktikum.«

»Und das funktioniert?«, fragte ich beeindruckt.

»Ja, überwiegend schon. Nur ganz wenige springen ab oder benehmen sich total daneben. Das sind dann eher welche, die zu einer Bewährungsstrafe verurteilt worden sind, wegen Brandstiftung, Diebstahl oder so. Die meisten beginnen aber anschließend eine Lehre in einem der angeschlossenen Betriebe. Der Verein ist sogar für einen Zukunftspreis nominiert.« Nele sah fast ein bisschen stolz aus.

»Und diesen Verein hat wirklich *dein Bruder* ins Leben gerufen?« Hey, wir sprachen hier immerhin von Jan! Einem Mann, der allenfalls mal ein »Hmmm« rausbrachte. Und derselbe Jan soll eigenständig einen Verein dieses Ausmaßes gegründet haben? Immerhin gab es Vorschriften zu beachten, Anträge zu stellen und überhaupt juristische Fragen zu klären. Berufsgenossenschaft, Haftpflichtversicherung, Handwerkskammer. Das alles soll *dieser* Jan, der seinen Mund nur aufbekam, wenn er Rührei hineinstecken konnte, organisiert haben?

»Klar, das war *mein Bruder*. Das ist sogar typisch für ihn. Er hilft, wo er nur kann und das ohne viel Aufhebens.« Nele lachte. »Nur weil er nicht mit dir spricht, heißt das nicht, dass er es nicht kann.«

Irgendwie traf mich das ein bisschen. »Aber er kennt mich doch gar nicht.«

»Du kommst aus der Stadt. Das reicht für ihn schon. Er kann mit schnellen Großstadtfrauen nichts anfangen.« Nele wischte den Tresen ab. »Er braucht eine bodenständige Frau.«

»Was? Er weiß doch gar nichts über mich! Außerdem will ich überhaupt nichts mit ihm anfangen. So ein Blödmann.« Jetzt war ich echt sauer.

»Das ist gar nicht mal persönlich gemeint.« Nele versuchte zu beschwichtigen. »Für ihn bist du nur eine Touristin aus der Großstadt, die hier eine Weile jobbt und dann wieder verschwindet. Daran verschwendet er einfach keinen Gedanken.«

»Also weißte, wie oberflächlich ist das denn? Das ist doch der totale Widerspruch zu seinem Verein.« Der Typ war für mich gestorben und das war kein allzu großer Verlust.

»Na, auf jeden Fall werde ich mit Jan über die Picknicktische sprechen. Als Vereinsprojekt wird das Ganze auch nicht so teuer.«

Als Jan mit seinen Chancenlosen (das klang wie ein schlechter Western) am übernächsten Morgen zum Frühstück kam, lag mir ein schnippisches »Pffff« auf der Zunge, ich konnte mich aber gerade noch zurückhalten, strafte ihn mit Nichtbeachtung und verschwand wieder unter der Theke. Das gehörte sich zwar nicht, schließlich waren sie Gäste, aber das war mir egal.

»Maren, sieh mal«, quiekte Nele verzückt. Ich sah von meinen Einräumarbeiten auf. Sie wedelte mit einem Blatt Papier und winkte mich an Jans Tisch.

»Das sind Jans Entwürfe für die Picknicktische.«

Auch das noch. Picknicktische eben, sehr spektakulär, was sollte es da schon zu sehen geben?

»Komme«, murmelte ich gleichgültig.

»Sind die nicht toholl?« Nele strahlte über das ganze Gesicht.

Gelangweilt nahm ich die erste Zeichnung entgegen. »Die sind ... «, ich musste zweimal hinsehen, »äh ... toll! Sogar richtig klasse sind die!«

Jan hatte nicht einfach diese 08/15-Tische vorgeschlagen, nein, er hatte runde Picknicktische mit gebogenen Bänken gezeichnet. Dadurch, dass die fast halbrunden Bänke nicht einfach als Ring um die Tischplatte angeordnet, sondern mehrfach unterbrochen waren, musste man nicht darüber klettern, um sich hinzusetzen, sondern konnte bequem (auch mit Rock!) von der Seite einsteigen. Außerdem hatten wir auch ältere Gäste. Die Tischplatten und Sitzflächen waren altrosa und das Gestell lavendelblau eingefärbt. Ich konnte mich einfach nicht zurückhalten. »Also, Jan, ich muss schon sagen, die Entwürfe sind fantastisch. Einfach großartig!« Aufrichtig nickte ich ihm zu und ausnahmsweise wich er meinem Blick nicht aus. Zum ersten Mal bemerkte ich, dass seine Augen tatsächlich das gleiche leuchtende Grün hatten, das mich bei Nele immer so faszinierte. Okay, sie waren also definitiv Geschwister.

Keine Ahnung, wie es die Chancenlosen geschafft hatten, aber nach einer knappen Woche standen bereits drei massive Picknicktische im Garten. Sie waren absolut perfekt gearbeitet und die Farbe passte wunderbar. Nele brachte Blumen, ein paar Stoffservietten und altes Geschirr. Wir deckten die Tische damit ein und ich machte sofort ein paar Fotos, die wir uns direkt auf meinem Notebook ansahen.

Ungeduldig hoppelte ich hin und her. »Komm, lass sie uns sofort *posten*!«

Während ich tippte, holte Nele zwei Gläser Sekt und prostete mir zu. »Auf unser *Petit Pique-nique*.«

Wir tranken einen Schluck und fielen uns vor Freude in die Arme.

***

Das *Petit Pique-nique* wurde ein riesiger Erfolg. Täglich kamen mehr Gäste. Wir hatten irrsinnig viel zu tun, aber waren selber erstaunt, dass wir das alles zu zweit bewerkstelligen konnten. Und die Hauptsache war: Wir hatten einen Mordsspaß dabei. Noch immer fühlte es sich überhaupt nicht nach Arbeit an.

Glücklicherweise hielt sich das tolle Wetter. Es kamen sogar schon vormittags Urlauber, die draußen unser neues Picknick-Frühstück bestellten. Dafür hatten wir extra ein paar Körbe besorgt. Für diese hatte Neles Mutter einen romantischen Blümchenstoff passend zugeschnitten und mit einer schönen Bordüre versehen. Aus demselben Stoff hatte Hanni noch große Servietten genäht. In die ausgekleideten Körbe kamen die ganzen Spezialitäten. Marmelade und Honig füllten wir in kleine Schraubgläser, die

Croissants, Flûtes oder sonstiges Gebäck verpackten wir in eigens dafür bedruckte Papiertüten mit dem Logo des *Petit Cafés*. Käse und Wurst sowie die verschiedenen Obstsorten arrangierten wir in Porzellanbehältern mit Deckeln. Sogar Rühr- oder Spiegeleier servierten wir in Einmachgläsern. Die Tische wurden stets im Voraus eingedeckt und da ließ sich Nele nicht lumpen: Es wurde immer allerfeinstes Porzellan und antikes Besteck verwendet, und davon hatte sie sich im Laufe der Jahre ein ganzes Sammelsurium zugelegt, was uns jetzt zugutekam.

Wir planten sogar, das Angebot um Grillabende zu erweitern, und ich schlug Nele vor, eine eigene Website einzurichten. Auf dieser könnten wir dann über aktuelle Angebote und Termine informieren. Es war mir ohnehin unbegreiflich, dass sie noch keine hatte.

»Bei deinem Tempo wird mir ganz schwindelig.« Nele packte einen neuen Picknickkorb, diesmal zum Kaffee, mit kleinen, zugegebenermaßen nicht gerade französischen, Sandwiches und süßem Kleingebäck. Einen Versuch war es wert.

»Man muss den Hasen schmieden, solange er läuft, oder so ähnlich.« Ich sah sie nicht an, weil ich schon wieder mit dem *Posten* der neuesten Bilder beschäftigt war.

Nele kicherte kurz auf. »Gut, ich erteile dir den Auftrag für eine Website, obwohl ich weiß, dass du das sowieso machst.«

Ich sah zu ihr auf und nickte wohlwollend. »Gleich heute Abend setze ich mich nochmal mit Olli in Verbindung und bitte um seine IT-Kenntnisse. Oh ja, und mit Henrik. Wir brauchen unbedingt ein paar superprofessionelle Fotos. Sylvie kann bestimmt auch noch ein paar Tipps geben. Und mit Elena muss ich telefonieren. Vielleicht kann sie noch ein paar Kontakte anzapfen, damit wir entsprechende Links setzen. Und ...«

»Sag mal, holst du zwischendurch auch mal Luft?« Nele schüttelte überfordert den Kopf.

»Hm? Ja, klar. Ach, und Elena muss einen ihrer Anwaltsfreunde kontaktieren, damit wir beim Impressum und diesem ganzen Kram nichts vergessen.« Ich lehnte mich zurück und streckte alle viere von mir. »Puh, das ist dann erst mal alles.«

Nach dem Abendessen arbeitete ich sämtliche Punkte hintereinander ab. Zum Glück waren fast alle meine Freunde Nachteulen. Da ich sie schlecht mit meinen Fragen belästigen und dann einfach wieder auflegen konnte, sprach ich mit jedem mindestens eine halbe Stunde. Sogar mit Olli, aber auch nur, weil sich mir dieser Bereich mit dem ganzen *HTML* und *FTP* immer noch nicht so richtig erschlossen hatte. Tolle Bloggerin!

***

Schon nach wenigen Tagen stand die Homepage. Sie war wirklich professionell und wunderschön. Als dann auch noch Jan mit den Jungs kam, um zwei weitere Picknicktische zu montieren, fing Nele tatsächlich an zu heulen. Aus Solidarität vergoss auch ich ein paar Tränchen.

»Das sollten wir feiern!« Neles Augen glänzten. »Ich hatte noch nie so viele Gäste und das habe ich alles dir zu verdanken, Maren.«

Verlegen guckte ich auf meine Schuhe. »Ich mache doch nur meine Arbeit.«

»So ein Quatsch, du machst viel mehr und das weißt du auch. Mir hat die Arbeit schon immer Spaß gemacht und ich kann mir nichts Besseres vorstellen, aber seit du hier bist, ist alles noch viel schöner.« Nele wurde plötzlich ganz ernst. »Und deshalb wollte ich dich fragen, ob du dir nicht vorstellen kannst, ganz hier zu bleiben?«

Erschrocken sah ich auf.

»Du musst dich ja nicht sofort entscheiden. Ich weiß doch, dass du dein Leben in Berlin hast. Aber du könntest längere Auszeiten zwischendurch nehmen. Wir können ja über alles reden.«

»Ich weiß gar nicht, was ich sagen soll. Dein Angebot ehrt mich natürlich, aber das kommt jetzt alles sehr überraschend.« Plötzlich wusste ich gar nicht, ob ich lachen oder weinen sollte, denn mir wurde klar, dass ja schon in wenigen Wochen die Saison wieder vorbei war, was ich total verdrängt hatte. »Da muss ich tatsächlich ein paar Nächte drüber schlafen.«

Als ich an diesem Abend auf dem Weg nach Hause war, hatte ich gemischte Gefühle. Wie selbstverständlich nannte ich Onkel Piets Hof inzwischen mein *Zuhause*, dabei hatte ich mein Zimmer und meine Freunde in Berlin. Aber hier hatte ich auch neue Freunde gefunden. Und ich hatte Arbeit, ein nicht zu unterschätzender Faktor. Vor allem eine Arbeit, die mir wahnsinnig viel Spaß machte und mir täglich neue Möglichkeiten eröffnete. Ich wäre sonst bestimmt nie auf die Idee mit dem *foodblog* gekommen. Überhaupt hatte ich das Gefühl für Zeit total verloren. War das jetzt ein gutes Zeichen? Ich wusste es nicht. Plötzlich fühlte ich mich so leer. Gleich nachher würde ich mit meinen WG-Mädels telefonieren. Ja, das brauchte ich heute.

»Was ist dir denn über die Leber gelaufen, mien Deern?« Onkel Piet sah mich an und grinste verschmitzt. Wahrscheinlich konnte er gar nicht besorgt gucken. Das war bestimmt wieder so ein Christiansen-Ding, immer im falschen Moment zu lachen oder zumindest zu grinsen, aber komischerweise störte mich das gar nicht. »Zum Glück ist Labskaus sowieso eine zerstampfte Pampe ... «, er wies mit der Gabel auf mein Essen, in dem ich schon eine ganze Weile herumstocherte, was es nicht gerade ansehnlicher machte.

Ich musste lachen und erzählte von Neles Angebot und meiner Zerrissenheit.

»Sieh es doch mal so: Hier haste eine kostenlose Unterkunft, Arbeit, 'ne Menge Spaß und mich!« Er sah mich voller Stolz an. »In Berlin haste ein teures Zimmer, keine Arbeit, vielleicht auch 'ne Menge Spaß, aber mich ollen Döskopp haste nicht.« Onkel Piets Augen funkelten. Er scheppte sich noch einen Nachschlag auf und aß schweigend weiter. Da war zwar etwas dran, aber irgendwie brachte mich das auch nicht weiter.

Da ich nach dem Essen weder Elena noch Danni erreichen konnte, machte ich eine Pro- und

Kontraliste, aber mir fielen auch keine weiteren Argumente *für* Berlin als Kultur, Shoppen und vor allem meine beiden Freundinnen ein. Seit ich nach Berlin gezogen war, hatte ich noch nie darüber nachgedacht, die Stadt je wieder zu verlassen. Mann, warum musste nur alles immer so kompliziert sein?

Das Trinkgeld mitgerechnet, verdiente ich richtig gut bei Nele, und da ich bei Onkel Piet kostenlos wohnte und auch sonst kaum Ausgaben hatte, könnte ich auch weiterhin mein WG-Zimmer in Berlin finanzieren. Aber was brachte es mir schon, wenn ich nur ab und zu dort sein konnte?

Hm, und welche Alternative hatte ich in Berlin? Jobs waren rar gesät. Bis ich mit dem Bloggen Geld verdiente, dauerte es sicher noch eine ganze Weile und dann sprachen wir hier allenfalls von einem kleinen Taschengeld. Ich nahm Minka auf den Schoß und kraulte sie ausgiebig. Sie schloss die Augen und schnurrte.

»Gib mir doch mal einen Tipp.« Doch Minka gähnte und drehte sich auf den Rücken. So saß ich noch eine geschlagene Stunde auf dem Sofa, starrte Löcher in die Luft, während mein Bein langsam unter dem Gewicht der Katze einschlief. Da vibrierte mein Handy.

»Danni! Schön, dass du zurückrufst.«

»Sorry, ich konnte nicht früher. Hier ist die Hölle los. Die Scheiß-Waschmaschine ist endgültig im Eimer und hat die Küche geflutet. Wir haben stundenlang gewischt und mit Frau Schulze von unten gestritten, weil das Wasser gleich durchgesickert ist und jetzt bei ihr die unsagbar hässliche Tapete von den Wänden fällt. Da wollen wir mal hoffen, dass die

Versicherung den Schaden zahlt. Zu allem Überfluss kam heute die Betriebskostenabrechnung und wir müssen fast achthundert Euro nachzahlen. Und weil die Tussi von der Hausverwaltung gerade so gut in Schwung war, hat sie gleich noch ein Schreiben vom Eigentümer mit einer saftigen Mieterhöhung beigefügt. Elena trifft sich gerade mit einem ihrer Anwaltsfreunde, um zu besprechen, ob wir dagegen vorgehen können. Echt super! Und wie war dein Tag?«

10

In dieser Nacht konnte ich verständlicherweise lange nicht einschlafen. Mit einer Mieterhöhung hatte ich absolut nicht gerechnet, obwohl diese längst fällig war. Dann kamen noch die hohe Nachzahlung und der Wasserschaden dazu. Von einer neuen Waschmaschine mal ganz abgesehen.

Nein, selbst wenn ich einen Job in Berlin fände, konnte ich mir unsere WG auf Dauer nicht mehr leisten. So hatte mir das Schicksal doch tatsächlich diese schwerwiegende Entscheidung abgenommen.

Schade, dass ich mich kein bisschen erleichtert fühlte und in mein Kissen weinte. Ich hatte nicht einmal mehr einen blöden Spruch auf Lager, um mich selber zu trösten.

Als ich morgens erwachte, fühlte ich mich wider Erwarten frisch und ausgeschlafen. Vielleicht konnte mein Unterbewusstsein im Traum der neuen Situation ja durchaus etwas abgewinnen. Na, mal ehrlich: So schlecht ging es mir ja auch gar nicht. Ich konnte mich nicht erinnern, wann ich mich das letzte Mal so glücklich gefühlt hatte wie in den vergangenen Wochen. Mein Selbstbewusstsein war gestiegen und ich hatte endlich das Gefühl, bei der Arbeit nicht immer nur alles falsch zu machen, sondern sogar so etwas wie Erfüllung zu spüren. Ich steckte nur kurz meinen Kopf zur Küche rein. »Moin, Onkel Piet. Nur, dass du es weißt: Ich bleibe hier!«

Er pustete ruhig in seine Teetasse und grinste zufrieden. »War doch sowieso klar.«

***

»Einen wunderschönen, guten Morgen!« Ich betonte die Worte übertrieben, als ich das *Petit Café* betrat.

Nele sah mich verwundert an. »Ist was passiert?«
»Och, wir hatten in Berlin einen Wasserschaden, die Waschmaschine ist Schrott, die Miete in schwindelnde Höhe gestiegen und im vergangenen Jahr haben wir offensichtlich zu oft geduscht und zu viel geheizt. Das ist alles.« Ich hob die Augenbrauen. »Ach, und noch etwas: Ich bleibe!«

Meine Entscheidung wurde von allen freudig aufgenommen. Nele war ganz aus dem Häuschen und fiel mir um den Hals. Für Ewa und Olek kam es überhaupt nicht überraschend und Neles Eltern drückten mich, als hätten sie mich gerade adoptiert. Selbst Jan hatte ausnahmsweise ein paar und dazu noch freundliche Worte für mich über, auch wenn er mich dabei wie gewohnt skeptisch beäugte. Henrik schlug vor, meinen Entschluss gebührend zu feiern, und meine Eltern hatte ich auch schon angerufen. Für sie kam das allerdings ein bisschen plötzlich, was vor allem daran lag, dass ich mich schon eine Weile nicht bei ihnen gemeldet hatte und sie ja noch gar nichts von den ganzen Entwicklungen mitbekommen hatten. Karen hatte ich ebenfalls kurz angerufen und sie wollte in den nächsten Tagen vorbeikommen.

Jetzt stand ich nur noch vor der Herausforderung, es Danni und Elena zu sagen. Das sollte vor allem recht fix geschehen, damit sie so schnell wie möglich mein Zimmer wieder vermieten konnten. Wohnraum war in der Hauptstadt zwar gefragt und die meisten waren auch bereit, selbst diesen Preis zu bezahlen, aber das eigentliche Problem war, eine Mitbewohnerin zu finden, die Elena und Danni gleichermaßen zusagte. Meine Klamotten und Möbel hatten fürs Erste sicher noch Platz im Keller, bis ich sie abholen konnte.

Zaghaft drückte ich auf Elenas Namen und sah ihre Nummer im Display, aber ich konnte mich noch nicht durchringen, auf den Button mit dem kleinen grünen Hörer zu tippen. Nervös überlegte ich hin und her, wie ich beginnen sollte. Warum fiel es mir nur so schwer, einen passenden Einstieg zu finden? Schließlich kannte ich Elena fast mein ganzes Leben, aber vielleicht lag es ja gerade daran. Andererseits was machte es aus? Nur weil ich auszog, bedeutete das nicht das Ende unserer Freundschaft. Also, was sollte es? Ich würde sie jetzt anrufen. Irgendwann musste es ja ohnehin sein. In diesem Moment leuchtete das Display auf und zeigte an, dass es Elena war!

»Elena, ich wollte dich auch gerade anrufen.«

»Hallo, Maren, also der Anwalt sagt, wir müssen die Erhöhung wohl schlucken, auch wenn ich damit noch nicht einverstanden bin, aber glücklicherweise zahlt die Versicherung den Wasserschaden. Sie übernehmen alle Kosten, bei uns *und* bei der ollen Schulze. Immerhin. Und was wolltest du?«

Ruhig teilte ich ihr meinen Entschluss und die Gründe dafür mit, und wie schwer es mir fiele, auszuziehen. Ich konnte meine Tränen nicht zurückhalten.

»Och, Maren, Süße, nimm es nicht so schwer. Wir sind nun mal erwachsen, und wir können uns doch trotzdem regelmäßig sehen oder telefonieren. Und wenn du dir endlich mal einen Internetanschluss zulegst, können wir abends auch skypen. Deine Pasta werde ich allerdings sehr vermissen, aber du könntest endlich mal ein paar deiner Spezialrezepte *posten*. Wofür hast du schließlich einen *foodblog*?«

Dann kam Danni auch noch ans Handy. »Maren, ich bin so stolz auf dich! Du hast deinen Weg gefunden und kämpfst dafür. Vor ein paar Monaten hättest du das nicht hingekriegt. Weiter so! Ach, und ich werde vor allem die Matschklumpen von deinen Stiefeln vermissen.«

»Und außerdem hast du endlich mal ein Netzwerk aufgebaut und nutzt diese Kontakte auch. Bravo!« Elena hatte Danni wieder das Handy aus der Hand gerissen.

»Ich werde euch beide trotzdem ganz schrecklich vermissen«, schluchzte ich.

***

Für den nächsten Tag hatte ich ein paar Stunden frei genommen. Ich lieh mir Onkel Piets rostigen Wagen, er hatte schließlich nicht nur Traktoren. Zuerst fuhr ich zum Bürgeramt und meldete mich ordnungsgemäß an. Ich hatte mich auf eine längere Wartezeit eingestellt, wie ich es von Berlin gewohnt war, aber hier ging das alles ganz fix. So, jetzt war ich eine Nordfriesin. Von der Hauptstadt zum Arsch der Welt. Nun war es amtlich!

Wo ich schon mal unterwegs war, düste ich gleich weiter nach Husum. Die Zeit, die ich bei meinem Behördengang eingespart hatte, verplemperte ich allerdings beim Versuch, einen Internetanschluss zu beantragen. Das war etwas Größeres. Erstens war die Dame im Shop überfordert und kannte offensichtlich nicht den Unterschied zwischen *digital* und *analog* und zweitens wusste sie nicht, ob in Nordsbüll überhaupt DSL verfügbar war. Über die Geschwindigkeit konnte sie erst recht keine verbindliche Aussage treffen. Auf einen *Splitter, Router* oder sonstige *Hardware* sprach ich die gute Frau besser erst gar nicht an, sondern beschloss, alles online vom Café aus zu erledigen.

Da ich sowieso schon in Husum war, ging ich schnell bei Karen in der Kanzlei vorbei. Die hätte ich mir allerdings ein wenig, naja, mondäner vorgestellt. Laut Gravur auf einem verkratzten Messingschild wirkte hier ein Karl Friedrich Mommesen und einen Augenblick war ich nicht sicher, ob es sich tatsächlich um ein Kanzleischild oder eine antike Gedenktafel handelte. Der Eingang war ebenfalls ziemlich abgeschubbert und das Treppenhaus konnte auch mal einen neuen Anstrich vertragen. Karens Kollegin war wahrscheinlich genauso alt wie Schild und Gebäude, aber sehr herzlich und bot mir Kaffee an. Karen war wieder perfekt geschminkt, gekleidet und frisiert und für diese Umgebung eindeutig overdressed. Auf jeden Fall war es wichtig, gute Kontakte zu einer Anwaltskanzlei zu pflegen, das hatte ich schließlich von Elena gelernt. Wir tranken nur schnell den einen Kaffee, denn als der alte Karl Friedrich seinen Kopf kurz zur

Tür herausstreckte und uns streng musterte, erinnerte er mich an einen dieser Lehrer aus den alten Schwarzweißfilmen, und ich vermutete hinter seinem Rücken einen Rohrstock.

Zum Abschied umarmte ich Karen und drückte sie fest. »Ich bin so froh, dass ich mich entschlossen habe, hierzubleiben. Hoffentlich wird dann alles wieder so wie früher.«

Karen nickte und zog ihre Bluse glatt.

Auf dem Weg zum Parkplatz kam mir ein Mann entgegen, der beim Gehen den gesamten Gehsteig für sich beanspruchte. Er war nicht dick, aber sehr kräftig und ließ wegen seiner Muskeln beim Laufen die Arme seitlich tüchtig mitschwingen. Deshalb rutschte ich beim Ausweichen vom Bordstein ab. Der Kerl konnte mich gerade noch festhalten, damit ich nicht gegen das vorbeifahrende Auto stürzte.

»Blödmann!« Wütend sah ich ihn an und spiegelte mich dabei in seiner Sonnenbrille.

Sein Mund verzog sich zu einem breiten, selbstgefälligen Grinsen. »Wenn das nicht meine Maren ist.« Die sonore, männliche Stimme erkannte ich sofort und ein wohliger Schauer glitt meinen Rücken hinunter. »Hallo, Täubchen.«

»Tom! Was machst du denn hier? Verbringst du etwa noch immer die Ferien ... äh ... deinen Urlaub hier?«, stammelte ich total überwältigt.

Tom zog seine Sonnenbrille ab und lächelte mir mit unverschämten, strahlendblauen Augen entgegen. Er war natürlich älter geworden, aber damit auch *sehr* männlich. Seine flachsblonden Haare waren kürzer geschnitten als früher, und ein heller, na sagen wir mal

Sechs-Tage-Bart lenkte meine ganze Aufmerksamkeit auf seine vollen Lippen. Noch immer spürte ich seinen festen Griff um meine Taille und ich ließ seinen kräftigen Oberkörper, der in der dunklen Lederjacke noch kerniger aussah, nicht los. Was für ein Mann!

»Auf dich muss man also noch immer aufpassen, damit du nicht unter die Räder kommst.«

Meinen Blick hatte ich noch immer auf seine Lippen gerichtet. »Es war doch deine Schuld, dass ich abgerutscht bin«, hauchte ich ihm in Zeitlupe entgegen. »Das war Absicht, gib es zu.«

Tom lachte laut und stellte mich wieder sicher auf dem Gehweg ab. »Täubchen, Täubchen, du hast dich gar nicht verändert. Immer anderen die Schuld geben.« Er schüttelte den Kopf und hörte einfach nicht auf, so unverschämt zu grinsen. Wenn der nicht sofort aufhört, dann ... dann ... küsse ich diese unsagbar herausfordernden Lippen. Er grinste immer noch, trat aber einen Schritt zurück, weshalb sein aufregender Mund plötzlich sooo weit weg war.

»Lass dich mal anschauen, Täubchen.« Tom begutachtete mich von oben bis unten und ich kam mir vor wie auf dem Viehmarkt.

»Hör auf damit, blöder Kerl«, sagte ich empört, obwohl ich ihn einer genauso scharfen Musterung unterzog.

»Ich wollte nur mal sehen, ob ich dich so in das Café da drüben mitnehmen kann.« Mit dem Kopf deutete er auf die andere Straßenseite.

»Frechheit! Die Frage ist doch, ob *ich* dich mitnehme, schließlich habe ich einen Ruf zu verlieren!«, sagte ich schnippisch. »Und nenn mich nicht immer Täubchen!«

Wieder lachte er laut. »Du bist immer noch dieselbe kleine Rotznase.« Jetzt beugte er sich zu mir herüber und tippte auf meine Nase. »Aber eine sehr süße.«

Okay, das reichte! Ich war verloren.

Beim Kaffeetrinken (durch meine Adern floss wahrscheinlich nur noch schwarze Koffeinplörre) kam ich wieder ein wenig zu mir, obwohl ich meinen Blick einfach nicht von diesen Lippen lassen konnte. Jetzt wusste ich, woher der Ausdruck *an den Lippen kleben* kam.

Ausführlich erzählte ich, wie und warum ich hier in der Marsch gelandet war, und er hörte sehr aufmerksam zu. Ja, das konnte Tom immer schon. Gut zuhören. Und auf einen aufpassen.

Von ihm erfuhr ich dann, dass er nun in Hamburg lebte und Pilot war. Da er auch in seiner Freizeit das Fliegen nicht lassen konnte, kam er oft nach Nordfriesland, wo er auf dem Sportflugplatz eine kleine Maschine sein Eigen nannte. Leider kam während des Gespräches auch heraus, dass Tom eine Freundin hatte. Sie war Ärztin in Hamburg und musste viel arbeiten. Außerdem teilte sie Toms Flugleidenschaft nicht, sodass er meist alleine hier war. Witzigerweise kannte er auch Jan, weil dessen Verein mal ein paar Arbeiten im Fliegerheim erledigt hatte. Nele und ihr Café dagegen kannte Tom nicht, also lud ich ihn für das nächste Mal ein, mich unbedingt dort zu besuchen. Notfalls auch mit Frau Doktor, obwohl ich heimlich hoffte, dass er sie bis dahin in den Wind geschossen hatte.

Tom war einfach unwiderstehlich, aber nun mal vergeben. Und ich war nicht der Typ Frau, der sich dadurch erst recht herausgefordert sah. Elena hätte es nichts ausgemacht. Bestehende Beziehungen stellten für sie kein Hindernis dar. Sie war nun wirklich keine Schlampe, aber es war so, dass sie sich in diesem Punkt einfach keinerlei Gedanken machte. Sie wollte sich aber auch gar nicht binden. Ich war ja überzeugt, dass es sie eines Tages aus heiterem Himmel treffen würde. Gnadenlos würde sie Amors Pfeil durchbohren und sie wäre für alle Zeiten verloren. Ja, genau so würde es geschehen. Ganz sicher. Aber bis dahin könnte sich Amor vorrangig mal um mich kümmern und mir endlich mal einen Prinzen – meinetwegen auch ohne Pferd – vorbeischicken.

Als ich wieder zum Hof kam, saß Ewa mit Paulina auf der Schaukel und kitzelte die Kleine mit schmatzenden Küssen in die niedliche Kuhle zwischen Hals und Schulter. Paulina quietschte vor Vergnügen. Von hinten näherte sich Olek und schloss seine langen Arme behutsam um seine kleine Familie.

In dem Moment musste ich schlucken. Ich war nicht neidisch, denn ich gönnte den Dreien dieses Glück aus tiefstem Herzen. Mich beschlich nur plötzlich so eine merkwürdige Sehnsucht. Dieses Gefühl kannte ich noch nicht.

11

Im Nu waren auch die Sommerferien der beiden letzten Bundesländer vorbei und es wurde etwas ruhiger im Café. Die Saison ging zwar noch bis Ende Oktober, aber jetzt hatten wir zwischendurch endlich wieder mehr Zeit für andere Dinge. Ich hatte das Kreieren neuer Spezialitäten in den letzten Wochen sträflich vernachlässigt und für Nele war es höchste Zeit, sich wieder mehr um ihre Familie zu kümmern. Wir überlegten, einen Ruhetag einzuführen. Zumindest meinte Nele, dass auf jeden Fall ich einen freien Tag in der Woche haben solle. Aber ich fand, dass auch sie einen verdiene, schließlich war jetzt ich da und zur Not gab es ja auch noch ihre Eltern.

»Na, und wenn alle Stricke reißen, bist du doch auch jederzeit erreichbar.«

Nele nickte. »Du hast recht. So machen wir das. Und in die Geheimnisse des Kaffeeautomaten bist du ja inzwischen auch eingeweiht. Huuuh.« Sie sah mich verschwörerisch an.

»Genau! Und wenn ich mit dem Teil wider Erwarten einmal nicht klarkomme, dann schenke ich eben nur noch Tee aus. Improvisation ist alles!«

»Oh, aber einen Haken hat das Ganze.« Nele sah mich herausfordernd an. »Du müsstest morgens das Frühstück für meinen Bruder machen und servieren.«

Seufzend ließ ich die Schultern hängen. »Das ist in der Tat ein nicht zu unterschätzendes Problem.« Ich musste grinsen und stupste Nele in die Seite. »Dann kann ich ihm endlich mal Chilisoße in sein Rührei kippen, aber *extra hot*! Vielleicht kriegt er dann mal seinen Mund auf.«

Nele kam auf mich zu, als wolle sie mich würgen. »Aaaah! Das heißt, ich kann dich also nicht allein lassen? Ich muss mich hier abschuften. Tagein, tagaus, Woche für Woche, Monat für Monat, Jahr für ...«

»Ja, so hat eben jeder sein Päckchen zu tragen. Du armes Kleines. Hihi.« Ich pikste Nele in den Bauch.

»Boa, na warte!«

Quiekend lief ich weg und sie verfolgte mich. Albern kichernd rannten wir um die Theke herum.

»Das gibt ein tolles Beweisfoto«, dröhnte eine Männerstimme.

Erschrocken sahen Nele und ich zur Tür. Da stand Henrik. Ein Auge hatte er zusammengekniffen, mit dem anderen schaute er durch seine Kamera und fotografierte dabei unaufhaltsam.

»He!«, rief ich. »Schon mal etwas vom *Recht am eigenen Bild* gehört?«

»Genau, du verstößt hier gegen allgemeines Persönlichkeitsrecht, du Schuft!« Nele lief lachend auf ihn zu. »Rache! Satisfaktion! *Liberté*!« Sie erhob heroisch die Faust.

»*Oui*. Nieder mit ihm! *Vive la Révolution*!« Von hinten umklammerte ich den Eindringling. Er legte schnell schützend die Hände um seine Kamera.

»Isch bitte Sie, meine Damen«, näselte Henrik. »Mäßigen Sie sisch.«

»Na, bei euch geht's ja lustig zu, Täubchen.«

Aufgeschreckt und in dieser albernen Pose verharrend, starrten wir – diesmal zu dritt – Richtung Eingang.

»Tom!« meine Stimme klang so hysterisch, als hätte mich gerade mein Ehemann in flagranti mit drei Bauarbeitern erwischt. »Du hier?«

Tom kringelte sich vor Lachen.

Nele prustete und ging mit ausgestreckter Hand auf Tom zu. »Hallo Tom, ich bin Nele. Maren hat schon viel von dir erzählt.« Dabei blickte sie über ihre Schulter und zwinkerte mir zu.

Henrik war etwas verhaltener als Nele, gab Tom aber ebenfalls die Hand und stellte sich als guten Freund von mir vor.

Mir stieg bloß mal wieder die Hitze ins Gesicht. Wegen Tom, wegen Henrik und wegen dieser absurden Situation.

»Du hast mich eingeladen, schon vergessen?« Tom ging zum Tresen und sah sich um. »Das ist wirklich ein tolles Café, du hast nicht zu viel versprochen, T...« Bevor Tom weitersprechen konnte, hielt ich ihm drohend meine Faust entgegen. »Ich werde bestimmt öfter vorbeikommen, aber ich muss gleich schon wieder zurück nach Hamburg.«

»Na, das war aber ein kurzer Besuch.« Nele sah von Tom zu mir und dann wieder zu ihm. »Willst du nicht wenigstens etwas trinken?«

»Nein, danke. Ich hab es wirklich eilig und wollte wenigstens kurz reinschauen, wenn ich schon mal in der Nähe bin.« Er sah mich an. »Außerdem habe ich den Eindruck, dass ihr euch auch so ganz gut amüsiert.« Tom grinste wieder. »Wir sehen uns, Täubchen.«

Er drückte mich und drehte sich zu Nele und Henrik um. »Tschüss, ihr beiden. Und, Nele, viele Grüße an deinen Bruder«, Tom hob seine Hand zum

Abschied und verschwand so schnell, wie er gekommen war.

Irritiert blickte ich zur Tür.

»Toller Typ, dein Tom.« Nele schnitt eine Torte an.

»Das ist nicht *mein* Tom. Er ist nur ein Jugendfreund. Außerdem hat er eine Freundin«, sagte ich patzig und setzte mich an den Tisch neben der Theke, um Stoffservietten zu falten.

»Das scheint ihn aber nicht zu stören.« Henrik grinste. »Täubchen.«

Empört warf ich einen massiven Serviettenring nach ihm, den er aber gekonnt auffing.

»Also, wie der dich angesehen hat.« Henrik beugte sich zu mir herüber. »Und ich kann ihn sehr gut verstehen.«

Schon wieder blitzten goldene Funken zu mir herüber und ich konnte nichts anderes machen, als mich einfach nur in Henriks Augen zu verlieren.

»He, Schluss jetzt, ihr Turtel-TÄUBCHEN«, rief Nele streng. »Maren, was machst du da eigentlich?«

Ich blickte auf meine Hände, die gerade eine Serviette durchkneteten, welche offensichtlich nicht die erste gewesen war, und musste lachen.

»Ja, sehr witzig. Jetzt kann ich die alle noch mal bügeln.«

***

Heute hatte ich frei und war mit Henrik verabredet. Wir hatten ja so vieles feiern wollen, den *foodblog*, Neles Website und meinen Entschluss, hier zu bleiben. Aus Zeitmangel hatten wir es bis jetzt nicht hinbekommen und wollten das nun nachholen. Ich hatte keine Ahnung, was sich Henrik ausgedacht hatte, war aber total nervös, weil wir uns zum ersten Mal außerhalb des Cafés trafen. Er wollte mich um sieben Uhr morgens (!) mit dem Motorrad abholen und ich durfte nicht frühstücken. Na, wenn das mal keine Rückschlüsse auf seine Fahrweise zuließ.

Also fing der Tag ja gut an: Ich konnte nicht ausschlafen, es regnete in Strömen und ich hatte Hunger. Wenigstens kam Henrik pünktlich und sein entwaffnendes Lächeln entschädigte für alles. Er hatte eine schwarze Lederjacke und einen passenden Helm für mich dabei und ich muss sagen, daran würde ich mich gewöhnen können. Ich kletterte auf das Motorrad und quetschte mich zwischen eine große Gepäckbox und Henrik. Von hinten schlang ich meine Arme um ihn und presste meine Wange gegen seinen Rücken.

So hätte ich ewig düsen können. Henrik fuhr ausgezeichnet, was auf diesen holprigen Straßen wirklich eine Kunst war.

Wir mussten in Richtung Norden gefahren sein, denn als Henrik den Motor abstellte, befanden wir uns am Fähranleger in Dagebüll. Oh, es ging zu den Inseln. Die Frage war, zu welcher? Föhr oder Amrum? Ach, egal. Traumhaft waren beide, Hauptsache ich war mit Henrik hier.

Wenig später konnten wir an Bord fahren. Es stellte sich heraus, dass es nach Föhr ging. Ich wollte unbedingt draußen sitzen, aber es regnete noch immer. Glücklicherweise fanden wir auf dem Oberdeck einen überdachten Platz.

»Entschuldigst du mich einen Augenblick?«

Henrik zwinkerte mir zu und verließ das Deck in Richtung der Toiletten. Genüsslich lehnte ich mich zurück und inhalierte die frische Salzluft, bis ich das Gefühl hatte, meine Lunge müsste platzen. Entspannt blickte ich zum Horizont und beobachtete die Möwen im Wind. Die Regenwolken hatten ein Einsehen und machten endlich der Sonne Platz. Yes! Zufrieden schloss ich die Augen und ließ die warmen Strahlen der Herbstsonne über mein Gesicht streicheln.

»Na, schöne Frau, wie wäre es mit einem kleinen Imbiss?« Henrik stand direkt vor mir und ich blinzelte in die grelle Sonne. Als ich wieder richtig sehen konnte, bemerkte ich den Korb in seinen Händen. Nanu, das war doch ein *Petit Pique-nique*-Korb.

Henrik hob seine Schultern. »Ich konnte doch nicht zur Konkurrenz gehen. Bei euch schmeckt es einfach am besten.«

Jetzt wusste ich endlich, was in der sperrigen Gepäckbox gewesen war. In den vergangenen Wochen hatte ich jede Menge Körbe bestückt, aber mir selber noch kein einziges *Petit Pique-nique* gegönnt. Perfekt!

»Nele hat heute Morgen schon ganz früh Waffeln gebacken. Extra für dich.« Henrik lächelte mich an.

»Das muss ja mitten in der Nacht gewesen sein! Ihr seid ja verrückt.« Mit einem Schmatzer umarmte ich ihn.

Die fluffigen Waffeln schmeckten vorzüglich, aber ich hatte natürlich nichts anderes erwartet. Das Rezept musste ich unbedingt posten.

»Wie lange willst du eigentlich auf Föhr bleiben?« Schmatzend deutete ich mit dem Kopf zum Korb, in dem sich natürlich noch eine ganze Menge anderer Köstlichkeiten befanden.

»Solange du willst.« Henrik strahlte und schenkte mir einen *Café au Lait* in meinen *Bol*. Nele hatte sogar – ganz stilecht – eine dieser alten Thermoskannen mit Glaseinsatz, die ich noch von meiner Oma kannte, befüllt. Zum Glück keine dieser modernen Metallkannen aus China. Wo sie nur immer diese tollen Accessoires her bekam?

Nach diesem wunderbaren Frühstück machten wir es uns gut gestärkt gemütlich. Henrik legte den Arm um mich und ich lehnte meinen Kopf an seine Schulter. So verweilten wir wohlig schweigend bis zum Anlegen der Fähre im Wyker Hafen.

Auf Föhr angekommen, fuhren wir zunächst durch die malerischen Dörfer, vorbei an zauberhaften, reetgedeckten Kapitänshäusern und alten Windmühlen bis hin zu den herrlichen Stränden. Gegen Mittag beendeten wir unsere Runde, indem wir am Sandstrand von Nieblum unser Picknick fortsetzten. Henrik hatte eine kuschelige Decke ausgebreitet, auf die wir uns unbeschwert fallen ließen. Es war schon verrückt: Da wohnte ich keine zehn Minuten von der Nordsee entfernt und musste erst nach Föhr fahren, um mal gemütlich am Strand zu liegen.

Lachend futterten wir uns durch den Korb und verrieten uns allerlei aufregende Erlebnisse und Peinlichkeiten. Henrik war einfach wunderbar. Die Sonne war uns den ganzen Tag treu geblieben, bis am Spätnachmittag plötzlich ein eiskalter Wind aufkam und wir beschlossen, aufzubrechen.

Auf der Fähre standen wir an der Reling und warteten auf das Ablegen.

»Hast du Lust, mal mit mir übers Wochenende

nach Paris zu fahren?« Henrik sah mich erwartungsvoll an.

»Paris? Der beleuchtete Eiffelturm, ein Spaziergang an der Seine, Croissants, der Louvre und *L'amour*?«, schmachtend blickte ich ihn an. »Oh ja, ich will!«

Henrik schüttelte lachend den Kopf. »Verrücktes Huhn.«

»Was denn? Ich bin nun mal romantisch veranlagt.«

Noch immer lachend legte er den Arm um mich und wir beobachteten, wie die Abendsonne die schaumigen Wellen in rotes Licht tauchte. Das war ein traumhafter Tag mit einem aufregenden und dazu noch liebevollen Mann.

Als mich Henrik zuhause absetzte, konnte ich einfach nicht anders: Zärtlich schlang ich meine Arme um seinen Hals und sah ihm tief in die Augen, als zählte ich deren Goldflecken. Ja, ich war fest entschlossen, ihn zu küssen. Aber erst wollte ich diesen romantischen Augenblick genießen. Da umfasste Henrik zielstrebig meine Taille und zog mich mit einem Ruck an seinen Körper. Sein Gesicht war jetzt so nah, dass sein Atem meine Nase kitzelte. Ich überlegte noch, ob ich ausgerechnet jetzt würde niesen müssen, da spürte ich auch schon seine verlangenden Lippen.

»Und? Wie war es gestern?« Nele sah mich erwartungsvoll an. »Hat's geschmeckt?«

»Un-glaub-lich! Ich weiß gar nicht, wie ich's dir beschreiben soll. Es hat ... nach mehr geschmeckt.« Ich knetete meine Hände und suchte nach den passenden Worten. »So butterweich und doch ... fest ... irgendwie ... pikant.«

Nele kratzte sich am Kopf. »Pikant? Meine Waffeln?«

»Wie? Ach so, die meinst du. Ja, klar. Nee, die waren fantastisch. Superlecker, vielen Dank für deine Mühe.«

Nele sah mich schräg von der Seite an. »Aha! Alles klar.« Sie kicherte. »Maren ist verknallt! Na, das kann ja heiter werden. Da werde ich die nächste Zeit wohl besser alle zerbrechlichen Gegenstände und den Salztopf aus deiner Reichweite halten.«

***

»Hallo Mädels!« Wie eine Gestörte winkte ich in meine Webcam. »Könnt ihr mich hören?«

»Boah, schrei doch nicht so! Da fallen einem ja die Ohren ab.« Auf meinem Bildschirm konnte ich sehen, wie sich Danni die Ohren zuhielt und Elena an der Webcam rumfummelte.

»Wow, Danni, du hast ja eine neue Frisur. Sieht echt klasse aus.«

Elena rückte näher an den Monitor und kniff die Augen etwas zusammen. »Sag mal, Süße, hast du zugenommen oder liegt das an der megafetten Übertragungsrate?«

»Haha, sehr witzig. Aber super, ich kann euch richtig gut hören und sehen.«

»Stell dir vor, Maren, wir haben gestern WG-Zuwachs bekommen.« Danni sah mich begeistert an.

Ich musste schlucken. »So schnell?«

»Ja, das ging ganz ratzifatzi.«

»Und? Wie ist sie so?« Der pikierte Unterton in meiner Stimme ließ sich nicht verbergen.

»*Sie* heißt Gerrit, kommt aus Amsterdam und ist schwul.« Elena lachte.

»Ein Mann?« Jetzt war ich doch einigermaßen verblüfft.

»Ja, so nennt man diese Spezies im Allgemeinen.« Danni gackerte. »Gerrit wird dir gefallen. Der ist total schräg drauf. Du musst uns unbedingt bald besuchen.« Die beiden sahen mich erwartungsvoll an.

»Na, jetzt ist mein Zimmer ja wohl belegt.« Meine Stimme klang bestimmt etwas patzig. Hallo? Warum zur Hölle war ich eigentlich eifersüchtig? War doch klar, dass bald jemand einziehen würde. Gut, irgendwie hatte ich gehofft, dass Elena und Danni keinen Ersatz für mich fänden, aber das war doch kindisch.

»Du hast immer einen Platz bei uns, Maren, das weißt du doch!«

»Klar, komme ich euch besuchen. Vielleicht schaffe ich es nächsten Monat. Kommendes Wochenende fährt erst einmal Nele nach Dänemark. Und danach fahre ich vielleicht nach Paris. Mit Henrik.« So, jetzt war die Bombe geplatzt.

»WAAAS? Mit Henrik?« Beide überschlugen sich förmlich und fuchtelten mit den Armen. Ich konnte nur noch Bruchstücke verstehen. »Schnuckeliger Fotograf ... aufregender Latinotyp ... dachte, ihr seid nur Freunde ..., musst du unbedingt mal mitbringen ..., was ist mit diesem Tom ... und ... und ... und ...«

Das sah total witzig aus. Zum Glück hatte ich nicht einfach nur angerufen, sondern konnte auch noch ihre Reaktionen live mitansehen. Ich hätte mich totlachen können.

12

»Jetzt mach dich doch nicht verrückt, Schatz.« Hanni nahm Nele in den Arm. »Maren hat das alles im Griff, und wir sind ja auch noch da. Es sind doch nur drei Tage.«

Nele nickte. »Ja, Mutti, du hast ja Recht. Aber ich hab das Gefühl, dass ich etwas Wichtiges vergessen habe.«

»Uuund danke für dein Vertrauen.« Ich verschränkte meine Arme vor der Brust und sah schräg nach oben.

»Mensch, Maren, ich bin einfach nur nervös. Wir waren seit Jahren nicht mehr weg, und ich habe das Café noch nie alleine gelassen.«

»Was soll denn schon schief gehen?« Nils nahm seine Frau in den Arm.

»Genau, und wenn zu viele Gäste kommen und ich es nicht schaffe,« ich sah Nele ernst an, »sperre ich einfach zu und lasse keinen mehr rein.«

Nele riss entsetzt die Augen auf.

Ihr Vater lachte lauthals. »Ich hab eine bessere Idee: wir öffnen die nächsten Tage erst gar nicht, dann kann sich Maren ausruhen und endlich mal intensiv mit Henrik vergnügen.«

»Pah«, ich machte eine Wegwerfbewegung, »das mache ich doch alles mit links. Neben der Arbeit entwerfe ich noch ein paar neue Blogs, schmeiße eine Party und vielleicht kommt ja auch Tom mal wieder vorbei.«

»He, ich reiche dir wohl nicht, was?« Henrik kniff die Augen zusammen. Ich zuckte mit den Schultern.

»Du kannst ja wohl den Hals nicht vollkriegen, was?« Nele schüttelte verständnislos den Kopf.

»Tja, es kann schließlich nicht jeder so einen Traummann wie du haben.« Übertrieben zwinkerte ich Nils zu und spürte augenblicklich Henriks Ellenbogen in den Rippen.

»Ach, ihr seid schon ein verrückter Haufen. Bin ich froh, euch mal drei Tage nicht sehen zu müssen. Aber wie ich dich kenne, Mutti, wirst du mich sowieso jeden Abend auf dem Laufenden halten. Aber jetzt: Kopenhagen, wir kommen!«

Beim Verabschieden wurden Nele und Nils von allen gedrückt, als gingen sie monatelang auf Weltreise. Hanni und ich übergaben Nils die beiden Picknickkörbe, die wir liebevoll gepackt und deren Inhalt zum Schluss noch mit Zuckerherzchen und Rosenblättern überstreut hatten. Es sah zauberhaft aus. Das musste ich mir unbedingt merken. Vielleicht sollten wir künftig Motto-Picknickkörbe anbieten, zum Beispiel für Verliebte. Das wollte ich Nele aber erst nach ihrer Rückkehr vorschlagen.

Als die Körbe sicher auf den Rücksitzen verstaut und die beiden eingestiegen waren, setzte sich ihr Auto mit lautem Scheppern in Bewegung. Nils hielt abrupt an und stieg mit besorgter Miene aus. In einer kitschigen Anwandlung hatte ich vorhin eine Dosenkette an die Anhängerkupplung geknotet und ein Schild mit der Aufschrift »*Just Holiday*« auf die Heckscheibe geklebt.

Am nächsten Morgen fuhr ich natürlich früher als üblich zum *Petit Café*. Ich steckte den großen Schlüssel in das Messingschloss und drückte, aber die Tür ging partout nicht auf. Das fing ja gut an. Wie peinlich war das denn, wenn ich Hinnerk wegen so einer Lappalie würde anrufen müssen? Ich rüttelte an der Tür. Nichts. Noch einmal steckte ich den Schlüssel ins Schloss und rüttelte erneut. Jetzt klickte etwas und der Schlüssel ließ sich drehen. Nach zwei weiteren Umdrehungen sprang die Tür, wie von Geisterhand, auf. Mann!

Das war schon ein merkwürdiges Gefühl, plötzlich alleine hier zu sein. Es war zu dunkel, zu leer und zu still. Zuerst knipste ich alle Lampen an, drehte die Heizung auf und schaltete den Kaffeeautomaten ein. Anschließend deckte ich den Tisch für Jan und seine Kollegen und bereitete alles für die obligatorischen Rühreier vor. Danach ließ ich zwei Tassen Kaffee aus der Maschine, die ich aber wegschütten sollte, weil sie laut Nele viel zu stark seien. Das war eine der Marotten dieses Apparates. Vorsichtshalber schnupperte ich mal dran. Bäh, die rochen ja richtig verkohlt. Bloß weg damit. Erst die dritte Tasse war perfekt, also nahm ich sie gleich mal für mich. Gut, dass mich Nele in sämtliche dieser Geheimnisse eingeweiht hatte, denn wenn ich kam, hatte sie ja schon immer alles vorbereitet.

Kurz vor neun goss ich die Eier in die Pfanne und richtete diese gerade an, als Jan und seine Mannen eintrafen. Wenn das kein perfektes Timing war! Während ich ihnen den Kaffee servierte, nickte mir Jan wohlwollend zu. Überrascht quittierte ich seine Geste mit einem Lächeln.

Die Drei waren gerade weg, da kam auch schon Henrik reingeschneit. »Dein Frühstück muss ja ein echter Knaller gewesen sein.«

Fragend sah ich ihn an, worauf er mir einen Kuss auf die Lippen drückte.

»Draußen habe ich Jan getroffen und er sagte, das Frühstück sei *gut* gewesen.«

Und das aus Jans Mund? Wow, wenn das kein Kompliment war. »Und warum sagt mir der Blödmann das nicht selber?«

Henrik zog gleichgültig die Brauen hoch. »Egal. Aber komm, setz dich mal kurz zu mir.«

»Was ist denn?« Streng musterte ich ihn. »Hast du etwa eine andere?«

»Quatsch. Ich hab doch schon die tollste Frau.« Henrik zog mein Gesicht zu sich und küsste mir auf die Nasenspitze. »Ich muss morgen nach Island.«

»Nach Island? Warum das denn?«

»Na, ich muss ja auch mal wieder Geld verdienen. Schließlich war ich den ganzen Sommer hier und es ist ja nur für drei Wochen.«

»DREI WOCHEN? Das ist nicht dein Ernst!«

»Maren, ich fahre nicht in den Urlaub. Das ist mein Beruf. Ich war noch nie so lange am Stück an einem Ort wie in den letzten Monaten.« Henrik legte seinen Arm um mich.

»Heißt das, ich darf mich schon mal darauf einstellen, dich kaum zu sehen?«, fragte ich alarmiert und drückte seinen Arm weg.

»Und ich dachte, das mit uns könnte was Ernstes werden.«

»Hörst du mir denn gar nicht zu? Ich habe die letzten Monate hier verbracht, weil ich in deiner Nähe sein wollte. Dafür habe ich schon zwei Aufträge sausen lassen.«

»Ach, und das ist jetzt meine Schuld?«

»Das hat doch nichts mit Schuld zu tun. Ich will am liebsten immer bei dir sein, aber von irgendetwas muss ich ja auch leben.«

»Du hast ja recht. Aber das kommt jetzt so plötzlich. Warum hast du mir das nicht schon längst gesagt?«

»Ich habe es selber erst gestern Abend erfahren. Wenn es nicht so kurzfristig gewesen wäre, hätte ich dich gefragt, ob du mitkommst.«

»Oh Gott, was soll ich denn zu dieser Jahreszeit in Island?«

Henrik drückte mich fest an sich. »Dann hätten wir uns eingekuschelt und ich hätte dich gewärmt.«

»Heute Abend soll es ja auch ganz furchtbar kalt werden.«

Lachend rieb er meine Oberarme. »Tja, da werde ich wohl bei dir vorbeikommen müssen, damit du keine Frostbeulen kriegst. Aber dann muss ich jetzt packen gehen.«

Erwartungsgemäß war heute nicht viel los. Bis zum frühen Nachmittag kamen gerade mal zwei Gäste und die wollten noch nicht einmal etwas essen. Ich beschloss, die Zeit zu nutzen, um Neles Homepage zu aktualisieren. Weit kam ich allerdings nicht. Seit langer Zeit schneite Tom mal wieder herein.

»Ich hoffe, du hast wenigstens heute mal Zeit für einen Kaffee?«

Glücklicherweise hatte er die, und wir konnten uns endlich mal wieder ausgiebig unterhalten. Er war natürlich noch immer mit Frau Doktor zusammen, aber das kümmerte mich jetzt nicht mehr. Ich erzählte ihm von Henrik und mir, dass Nele mir das Café anvertraut habe und wie glücklich ich sei.

Als wir uns zum Abschied drückten, kamen gerade Neles Eltern. Ich stellte alle einander vor und hoffte, dass mich Tom bloß nicht wieder »Täubchen« nannte. Aber Tom wäre nicht Tom, wenn er darauf verzichtet hätte. Schließlich wusste er genau, dass er mich damit auf die Palme brachte. Hinnerk fand das sehr witzig und hielt sich noch seinen Kugelbauch vor Lachen, als Tom das Café schon verlassen hatte.

Hanni rollte mit ihren freundlichen Augen. »Männer!«

***

Am nächsten Morgen war Sonntag, also musste ich kein Frühstück für Jan zubereiten. Für die Nachsaison hatten wir beschlossen, vorerst keinen Sonntags-Brunch anzubieten. Ich war gespannt, ob an diesem nebelig tristen Novembermorgen überhaupt Gäste zum Frühstück kamen. Also traf ich die üblichen Vorbereitungen. Als wäre es ohne Nele nicht schon trostlos genug, würde ich Henrik jetzt drei lange Wochen nicht sehen. Klar musste er auch mal wieder arbeiten, aber seit ich ihn kannte, war er eben immer hier gewesen.

Weil er heute Morgen schon ganz früh aufbrechen musste, hatte Henrik gestern Abend sein Gepäck dabei und so konnte er bei mir schlafen. Es war so ein romantischer Abend und eine wundervolle Nacht. Als ich wach geworden war, hatte Henrik noch geschlafen und seine warmen Arme ganz fest um mich geschlungen. Selten hatte ich mich so geborgen gefühlt. Wie würde ich ihn vermissen. Bei dem Gedanken bekam ich wässrige Augen. Dann noch dieses fiese, graue Wetter ... Schnell legte ich eine von Neles kubanischen CDs ein und tänzelte durch das Café, um nicht trübsinnig zu werden.

Der einzige Vorteil der dunklen Jahreszeit war, dass man es sich drinnen umso gemütlicher machen konnte. Wir hatten im Regal noch diese bunten Glasschalen, in denen wir im Sommer Sorbet servierten. Ich nahm alle heraus und verteilte sie auf Tischen und Fensterbänken. In jede kam ein Teelicht und ich zündete sie der Reihe nach an. Um begutachten zu können, wie es von draußen wirkte, ging ich hinaus. So, jetzt war es wirklich gemütlich.

Es war doch wie verhext heute, kein einziger Gast ließ sich blicken. Na, hoffentlich war das kein böses Omen, denn wenn das ab jetzt so bliebe, könnte mich Nele bestimmt nicht mehr bezahlen und dabei hatten wir uns das so schön vorgestellt. Zum Glück musste ich keine Miete mehr zahlen, seit Gerrit in mein altes Zimmer eingezogen war.

Ach, weg mit den negativen Gedanken! Gestern war ich ja nicht mehr dazu gekommen, unsere Websites zu aktualisieren, also würde ich heute die Zeit nutzen. Vielleicht fiel mir ja auch ein besonderes Herbst-Special ein. Es wäre doch gelacht, wenn wir nicht auch in der dunklen Jahreszeit den Laden voll bekämen. Ich schnappte meine Kamera und ging auf die Veranda, um alles zu knipsen, was nicht niet- und nagelfest war.

Bis zum Abend verbrachte ich die Zeit komplett vor dem Bildschirm. Neles Homepage hatte ich umgestaltet und ein paar ansprechende Herbstbilder gepostet. Auf den Fotos sah die im Nebel versunkene Marsch richtig romantisch aus. Bei weiteren Internetrecherchen fand ich verschiedene interessante Kürbis-, Kastanien- und auch leichte Kohlgerichte. An und für sich mochte ich überhaupt keine Maronen und war auch kein Kürbisfan, aber die Rezepte klangen echt lecker und ließen sich raffiniert anrichten. Die wollte ich übermorgen gleich einmal ausprobieren. Nele und Nils würden morgen Nacht zurück sein, weshalb Nele erst Dienstagnachmittag ins Café kommen wollte, dann könnte sie gleich davon kosten. Aber erst musste ich Hanni anrufen, um die Bestellung für den Dienstagseinkauf durchzugeben. Genau in diesem Moment kamen Neles Eltern rein. Na, wenn das kein Zufall war.

»Moin, Maren, das sieht ja kuschelig aus hier. Wir haben die bunten Lichter schon vom Auto aus gesehen. Toll.«

»Na, da bin ich aber froh, dass wenigstens ihr sie gesehen habt. Andere Leute scheint das heute nicht zu interessieren.«

Hinnerk brachte einen kleinen Korb mit den letzten Astern des Jahres.

»Och, mien Deern, mach dir da man keine Sorgen um. Der November is hier doch immer 'n büschen ruhiger.«

»Na, wenn du das sagst, ich dachte schon, es läge an mir.«

Hanni nahm die Astern heraus und verteilte sie auf verschiedene alte Porzellanvasen. »Mädchen,

Mädchen. Du bekommst doch nicht etwa eine Novemberdepression? Das passt doch gar nicht zu dir.«

»Nein, aber es ist eben eine Umstellung, plötzlich ohne Nele hier zu sein. Henrik ist auch nicht da und fehlt mir jetzt schon. Tja, und wenn dann kein einziger Gast vorbeikommt, ist das schon tragisch. Aber hier, sieh mal«, begeistert deutete ich auf meinen Bildschirm, »ich hab vorhin ein paar leckere Rezepte gefunden, die ich unbedingt ausprobieren möchte, um Nele zu überraschen. Könntet ihr am Dienstag Esskastanien mitbringen?«

»Kastanien?« Hanni klang überrascht. »Nele liebt Kastanien, aber ich kann dir nicht versprechen, dass wir welche bekommen.«

An diesem Abend telefonierte ich noch mit Henrik. Er war ziemlich lange unterwegs gewesen und blieb die erste Nacht in Reykjavik. Morgen früh sollte es dann weiter gehen zu irgendeinem dieser Jökull-Vulkan-Gletscher-Dings. Und das zu dieser Jahreszeit! Ich hoffte, er wusste, was er tat, aber ich freute mich schon auf seine Fotografien. Unser Gespräch dauerte nicht lang, todmüde, wie wir beide waren.

Verrückt, aber wenn der Laden gerammelt voll war, war ich immer topfit. Heute war ich eindeutig unterfordert gewesen, das war's: *Boreout*.

***

»Maren! Wach auf! Schnell!« Irgendetwas rüttelte an meinem Arm. Ich wusste gar nicht, was los war, und als ich endlich die Augen öffnete, sah ich Ewa an meinem Bett stehen. »Das Café brennt!«

In meinem ganzen Leben hatte ich mich noch nie so schnell angezogen. Onkel Piet und Olek waren in ihrer Funktion als Feuerwehrmänner bereits weg und Ewa hatte schon Neles Eltern angerufen. Wie eine Irre sprang ich auf das Fahrrad und trat in die Pedalen, als ginge es um Leben und Tod.

Als ich endlich zum Anwesen kam, war schon alles abgesperrt. Es herrschte ein einziges Chaos. Das Café stand komplett in Flammen. Die Leute aus der Nachbarschaft, die nicht zur Feuerwehr gehörten, waren damit beschäftigt, die Pferde in Sicherheit zu bringen und die Feuerwehrmänner versuchten mit allen Kräften, den Brand unter Kontrolle zu bringen. Zwei andere Löschzüge wässerten die Reetdächer des Haupthauses und der Ställe, damit das Feuer nicht auch auf diese Gebäude übersprang. Alle liefen wild umher, es war höllisch laut und so unglaublich heiß. In der Menge fand ich meinen Onkel.

»Onkel Piet, was kann ich tun?«, schrie ich gegen den Lärm an.

»Nichts, mien Deern! Bleib zurück!«

In diesem Augenblick kamen auch Olek und Jan vom Café zurück. Jan zog seine Atemschutzmaske ab und schüttelte den Kopf. »Da ist nichts mehr zu machen.«

Onkel Piet legte den Arm um mich. »Da hat wohl wieder einer ganze Arbeit geleistet.«

Jan nickte, und ich konnte nur noch gelähmt zusehen, wie die Feuerwehr *unser* Café kontrolliert abbrennen ließ.

13

»Und ich dachte, ich kann mich auf dich verlassen!« Nele schrie wie eine Furie. »Scheiße, Maren! Drei Tage! Nicht mal *drei* Tage kann man dich alleine lassen und du richtest alles zugrunde.«

So wütend hatte ich sie noch nie gesehen. »Ja, das ist alles Scheiße und ich verstehe, dass das ein riesiger Schock ist, aber du glaubst doch nicht wirklich, dass ich schuld bin?« Mein ganzer Körper zitterte.

»Das liegt doch wohl auf der Hand! Hauptsache Windlichter aufstellen.«

Ich sah Nele fragend an.

»Meine Eltern haben noch so von der gemütlichen Atmosphäre geschwärmt. *Maren hat zig Windlichter aufgestellt. Die sehen sooo schön aus und Maren hat ganz viele tolle Rezepte im Internet gefunden, aber das verrate ich dir noch nicht. Und dann war da noch dieser Tom. Netter Kerl, das findet Papa auch.* Klar, bei der ganzen Ablenkung kann man schon mal eine Kerze übersehen.«

»Es brannte aber keine Kerze mehr, als ich gegangen bin! Was kann denn ich dafür, wenn bei dem Wetter keine Gäste kommen?« Jetzt wurde auch ich lauter. »Ich habe nur die Zeit genutzt, um deine Homepage zu aktualisieren, und dass Tom zufällig vorbeigekommen ist ...«

»Genau das ist doch der Punkt. Du hast ja nur noch Männer und Internet im Kopf. Das Café ist dir in letzter Zeit doch scheißegal gewesen! Dein alter Chef hat es jedenfalls richtig gemacht und dich rechtzeitig entlassen, bevor du seine Kanzlei in den Ruin treiben konntest.« Wutentbrannt ließ sie mich stehen und raste vom Hof. Ich konnte ihr nur fassungslos hinterhersehen.

Missmutig trottete ich zurück ins Haus. Also, das war jetzt wirklich ungerecht. Sie konnte mir vielleicht vieles vorwerfen, aber bestimmt nicht, dass mir das Café egal sei. Ich überlegte ja selber schon die ganze Zeit, ob ich nicht vielleicht ein Windlicht vergessen hatte, aber das konnte nicht sein. Ich hatte sie extra alle durchgezählt. Es waren genau einundzwanzig und beim Auspusten hatte ich sie wieder gezählt. So hatte mir das meine Omi beigebracht.

Es konnte aber sein, dass eine Kerze nicht richtig ausgegangen war und sich später wieder entfacht hatte. Nein, selbst das hätte ich doch gemerkt, ich war ja noch mindestens eine Viertelstunde im Raum gewesen und eine Flamme hätte bis dahin längst übergegriffen.

Aber was war mit dem Kaffeeautomaten?

Doch, ich war mir sicher, dass ich den ordnungsgemäß ausgeschaltet und den Stecker gezogen hatte, so wie es mir Nele mindestens hundertmal ans Herz gelegt hatte.

Jetzt hatte ich nicht nur meine Freundin, sondern auch noch meinen Lebensmittelpunkt, und damit wieder einmal meine Arbeit, verloren. Ich fühlte mich regelrecht ausgebrannt. Leer.

Den gestrigen Tag hatte ich in einem tranceähnlichen Zustand verbracht. Während der ganzen Befragungen durch Feuerwehrleute, Heinis von der Regionalpresse und durch die Kriminalpolizei hatte sich mein Kopf angefühlt, als hätte ich ihn in einen riesigen Bottich mit Watte gestopft. Ich hatte weder scharf sehen noch hören und schon gar nicht klar denken können. Hanni und Hinnerk hatten versucht, mich zu trösten, und mich in den Arm genommen, dabei waren sie doch mindestens genauso mitgenommen wie ich. Schließlich hatte ihre Tochter über Nacht ihre Existenz verloren.

Glücklicherweise hatte es keine Verletzten gegeben. Selbst die Pferde des Gestüts waren unversehrt geblieben, wie mir Onkel Piet versicherte. Danni und Elena konnte ich nicht erreichen und Henrik hatte seit unserem letzten Telefonat auch nichts mehr von sich hören lassen. Draußen war es noch dunkler als die letzten Tage und ich hatte das Gefühl, es würde nie wieder hell.

Am Abend rief meine Mutter an. Endlich mal jemand, der an mich dachte.

»Hör mal, Mäuschen, warum kommst du nicht für eine Weile nach Hause. Wir haben uns jetzt seit Weihnachten nicht mehr gesehen. Papa meinte auch schon, er wisse gar nicht mehr, wie du aussiehst.«

»Ach, Mama, dafür habe ich jetzt keine Ruhe. Ich brauche dringend Arbeit und ich habe keine Ahnung, wie ich das anstellen soll. Wahrscheinlich fahre ich ein paar Tage nach Berlin, vielleicht ergibt sich ja da etwas. Notfalls gehe ich dort irgendwo kellnern. Elena wird sich bestimmt mal für mich umhören.«

»Das musst du wissen, Schatz, aber du weißt ja, dass du jederzeit zu uns kommen kannst.«

»Ich weiß, danke. Drück Papa von mir und bis bald. Knutsch.«

»Danni? Endlich!« Am nächsten Tag hatte ich Glück und bekam wenigstens *eine* meiner Freundinnen an die Strippe. »Mensch, ich habe so oft probiert, euch zu erreichen. Wo habt ihr denn gesteckt?«

»Wir sind viel unterwegs mit Gerrit. Und weil wir ja niemanden mehr haben, der für uns kocht, essen wir meistens auswärts. Wo brennt's denn?«, flötete Danni ausgelassen.

»Ja, genau damit hast du es auf den Punkt gebracht!«

»Häh? Was habe ich womit? Äh, wie?« Danni verstand natürlich nichts von meiner Anspielung, also brachte ich sie auf den aktuellen Stand.

»Scheiße, Maren!«, rief sie entsetzt.

»Ja, genau das hat Nele auch gesagt oder besser: geschrien.«

»Hör zu, du setzt dich gleich morgen in den Zug und kommst erstmal zu uns und dann sehen wir weiter.«

»Das geht nicht, ich muss morgen zur Polizei. Die wollen mich noch mal befragen. Die Brandursache ist ja noch nicht geklärt.«

»Dann komm doch einfach zum Wochenende, da haben wir auch viel Zeit, um dich zu betüddeln.«

***

Freitagmittag brachte mich Onkel Piet zum Bahnhof. Dieses Mal nahm er von sich aus das Auto, obwohl es mir im Augenblick sowieso egal gewesen wäre, wenn wir mit dem Traktor gefahren wären, Hauptsache weg von hier.

»Pass gut auf dich auf, mien Deern.«

»Das mache ich.«

»Aber du kommst doch wieder, was?« Onkel Piet sah mich ausnahmsweise sehr ernst an. »Schließlich gehörst du hierher.«

Da war ich mir im Moment gar nicht mehr so sicher. »Klar, komme ich wieder.« Die Frage war bloß *wann*.

In Hamburg musste ich in den ICE umsteigen. Dazu hatte ich fast eine halbe Stunde Zeit. Ich ging ein wenig auf dem Bahnsteig auf und ab.

Als der Zug einfuhr, hielt ich mich im Hintergrund auf, um alle Fahrgäste aussteigen zu lassen. Wie ich es hasste, wenn sich die Leute immer so dicht an den Ausstieg drängten, nur um als Erste einsteigen zu können. Deshalb musste ich auch grinsen, als ein rundlicher Mann mit Glatze beim Aussteigen diese penetranten Drängler mit seiner Reisetasche resolut beiseite drückte. Recht hatte er! Ach, kaum zu glauben, aber das war Herr Schröder, mein früherer Chef! Zum Glück stand ich weit genug weg. Was machte der denn an einem Freitagnachmittag in Hamburg? Wir hatten freitags zwar immer schon um eins Feierabend gehabt, aber Schröder war meistens länger geblieben. Camilla übrigens auch, was sie dann immer mit verschwörerischem Zwinkern bemerkt hatte. Ich hielt Ausschau, ob sie womöglich auch gleich ausstieg. Das wär ja ein Ding. Aber ... Ha! Weit gefehlt. Schröder stellte die Reisetasche ab und half einer Frau aus dem Zug: seiner eigenen.

***

Am Spätnachmittag kam ich in Berlin an. Ich hatte die Stadt gar nicht so laut, voll und dreckig in Erinnerung. Aber das war mir im Grunde egal. An fast jeder Ecke wurde ich angehauen, irgendein Tierheim vor dem Aus zu retten, einem Obdachlosen den aktuellen *Straßenfeger* abzukaufen, einem Junkie einen uralten *Straßenfeger* abzukaufen oder einem Alkoholiker, einfach so, zwei Euro zu spenden. Offensichtlich sah ich inzwischen aus wie eine Touristin. Vielleicht hatte ich aber auch einen aufmerksameren Blick bekommen als die Berliner. Als ich noch hier wohnte, wurde ich nur ganz selten angesprochen, denn meistens hatte ich es eilig gehabt und nicht darauf geachtet, was auf der Straße vor sich gegangen war.

In meiner Manteltasche vibrierte es. »Hallo Süße, wo bist du gerade?«

»Hallo Elena, ich bin jetzt U-Bahnhof Friedrichstraße, und da kommt gerade meine Bahn.«

»Ah, okay, dann bist du früher zuhause als wir. Danni ist am Ostkreuz und ich bin noch in Charlottenburg. Na egal, Gerrit ist auf jeden Fall da, um dir aufzumachen. Bis später, Süße.«

Na toll, da kam man endlich nach Monaten wieder und dann war kein Mensch zuhause, geschweige denn da, um mich vom Bahnhof abzuholen. Und dann würde mir auch noch ein Wildfremder die Tür öffnen. *Betüddeln* hatte ich mir anders vorgestellt.

Als ich an dem großen Portal unseres Hauses, durch das ich in den vergangenen Jahren so oft gegangen war, ankam, fiel mir zum ersten Mal auf, wie sehr die Fassade bröckelte. Gewohnheitsmäßig griff ich in die Manteltasche, um meinen Schlüssel rauszuholen, aber dort befanden sich nur ein Bonbonpapier und ein benutztes Taschentuch. Den Schlüssel hatte ich kürzlich für Gerrit mit der Post zurückgeschickt. Also klingelte ich. Dieses Mal musste ich ausnahmsweise einmal nicht aufs Klo, welch ein Wunder und vor allem welch ein Glück. Ich musste noch geschlagene viermal klingeln, bis sich der Herr endlich bemühte, mich einzulassen.

»Hallooou, ik ben Cherrit.« Ein Wesen mit sonnengelbem Blazer, grasgrüner Hose, gelben Dandyschuhen und roter Fliege stand vor mir (welche Farbe sein Hemd hatte, wusste ich nicht, weil ich wegschauen musste, um keinen Augenkrebs zu bekommen). Ich betrachtete sein Gesicht, welches sehr jungenhaft war, aber dennoch eine markante Kinnpartie aufwies. Seine dunkelblonden Haare waren über den Ohren und im Nacken raspelkurz geschnitten und das Deckhaar stellte eine perfekte Tolle dar. Er war braun gebrannt, hatte graue Augen und offensichtlich einen guten Zahnarzt, der etwas von *Bleaching* verstand.

»Äh, hallo, ich bin Maren. Und ich dachte, du heißt Gerrit?« So langsam erholte ich mich von diesem Schreck.

»Ja, das stimmt. Aber so sprechen nur Deutsche meinen Namen aus. Im Niederländischen spricht man *G* wie *Ccch*.« Oh Gott, das klang ja wie ein Drache, der Feuer spie.

»Aha. Kann ich ... reinkommen?«

»Oh, ja, natürlich, wie unhöflich von mir.« Gerrit sprang mit einem Hüftschwung zur Seite, machte eine Präsentationsgeste und ließ mich eintreten.

»Kommst du mit in die Küche? Ich habe gerade

lekker koffie gemacht. Möchtest du auch ein Tässchen?«

»Oh ja, bitte und mit viel Milch. Ich geh mir inzwischen mal die Hände waschen.«

Das Bad war nicht mehr wiederzuerkennen. Überall standen quietschbunte Accessoires und neben der Badewanne befand sich noch ein weiterer Schrank. So, wie ich Gerrit einschätzte, war dieser für seine Toilettenartikel gerade so ausreichend. Als ich wieder hinausgehen wollte, entdeckte ich am Türhaken etwas, das wir vorher auch noch nicht hatten: einen Frisierumhang, wie ihn meine Oma früher gehabt hatte. Oh, my God, der musste auch zu seinen Utensilien gehören. Das war schon ein seltsamer Knabe.

Gerrits *koffie verkeerd* schmeckte allerdings ganz ausgezeichnet, und ich wusste, wovon ich sprach, schließlich war ich vom Fach und absoluter Milchkaffeekenner. Nachdem Danni und Elena noch immer nicht da waren, kümmerte er sich ganz selbstverständlich um mich. Wenigstens einer, der mich betüddelte. Er war wirklich sehr nett und, wie sich herausstellte, bereits über mein ganzes Leben informiert. Außer seiner Herkunft und seinem extravaganten Modegeschmack wusste ich dagegen absolut nichts über ihn.

Bereitwillig und wild gestikulierend erzählte er mir alles, was ich wissen wollte und noch mehr. Ich erfuhr, dass er in den Niederlanden ein ziemlich bekannter Soap-Star war. Erst vor Kurzem war er aus der Serie ausgestiegen, und da er keinem dramatischen Serientod zum Opfer gefallen war, hatte er immer noch die Option auf ein Comeback. Jetzt wollte er aber erst einmal in Berlin als PR-Berater arbeiten, was ihm wohl auch gelingen würde, da er sehr gute internationale Kontakte hatte und mehrere Fremdsprachen beherrschte. Zwischenzeitlich hatte Gerrit seinen Blazer ausgezogen und ich sah nun, dass er ein weißes Hemd trug, das mit kleinen grünen Schildkröten übersät war. Also dieser Gerrit war schon ein Knaller!

Nach zwei weiteren Tassen Kaffee tanzten wir ausgelassen zu *Happy* von Pharrell Williams durch die Küche und damit hatte ich Gerrit als meinen kleinen Bruder adoptiert und als PR-Berater engagiert.

Da die Musik ziemlich laut war, hörten wir nicht, dass Elena und Danni im Türrahmen standen. Sie sahen mich an, als hätte *ich* Gerrits buntes Outfit an. Dabei hätten sie sich mal sehen sollen: die eine topgestylt und mit einer feuerroten Plastiktüte; die andere eher nachlässig gekleidet und mit einer verwaschenen grünen Baumwolltasche, aus der ein trauriges Bündel Bio-Möhrenkraut raushing.

»Und wir dachten, wir müssten dich erst mal tüchtig aufpäppeln!«

»Das hat schon Gerrit erledigt!« Mit einem Satz sprang ich lachend auf meine Freundinnen zu und wir umarmten uns innig. Irgendwie dachte ich in diesem Moment überhaupt nicht mehr an meinen Sack voller Probleme.

Die beiden Mädels hatten unabhängig voneinander lauter leckere Dinge eingekauft. Aus dem bunten Allerlei zauberten wir in Gemeinschaftsarbeit einen Mix aus Häppchen, Salaten und Dips. Auf der einen Seite war es zu viert in der Küche total chaotisch, aber auf der anderen Seite tat es einfach so unglaublich gut. Ja, es war absolut die richtige Entscheidung gewesen, nach Berlin zu fahren. Wir machten einen Haufen Fotos, die ich gleich morgen auf meinen Blog stellen wollte.

»Also, Süße, jetzt zeig uns endlich mal, wie dein Henrik aussieht«, forderte Elena nach dem Essen. »Was hält er eigentlich von deiner ganzen Situation und dass du jetzt hier bist?«

»Das weiß er noch gar nicht. Er ist für drei Wochen zu einem *Shooting* in Island. Das letzte Mal habe ich kurz vor dem Brand etwas von ihm gehört. Henrik wollte sich melden, aber das hat er nicht getan und ich kann ihn auch nicht erreichen.«

»Oje! Ausgerechnet jetzt, wo du ihn so dringend brauchst?« Danni war mitfühlend wie immer.

»Vielleicht hat er ja inzwischen von dem Brand gehört und glaubt nun auch, dass es meine Schuld war. Schließlich ist Neles Mann sein bester Freund.«

»So ein Quatsch!« Elena schüttelte heftig ihre dunkle Mähne. »Nur weil Nele glaubt, dass du schuld bist, heißt das noch lange nicht, dass alle anderen genauso denken.«

»Wieso? Das kann doch sein, und jetzt meldet er sich nie wieder bei mir.«

»Mensch Süße, hast du mal darüber nachgedacht, dass Henrik schlichtweg keinen Empfang hat? So abwegig ist das in dieser Vulkanlandschaft gar nicht.«

»Meinst du?« Nachdenklich knabberte ich an meinem Daumennagel rum.

»Klar, was glaubst du, wie oft ich auf meinen Reisen einen lahmen Arm bekommen habe, weil ich vergeblich nach einem Funknetz gesucht habe.«

Gerrit imitierte Elenas Netzsuche, indem er mit ausgestrecktem Arm pantomimisch durch die Küche watete und auf einen Stuhl stieg. Dabei schnitt er so witzige Grimassen, dass selbst ich kurz kichern musste.

Elena rollte mit den Augen und Danni lachte laut. »Na, hoffentlich stellt er sich dabei nicht genauso albern an wie Gerrit. Ich sage nur: Vulkanschlot!«

Oh nein, daran hatte ich noch gar nicht gedacht! Vielleicht war Henrik ja etwas passiert und er lag irgendwo ganz allein, hilflos und verletzt und dann bei diesem Wetter.

»So, wie du schaust, malst du dir wieder die gruseligsten Horrorszenarien aus. He, das war doch nur Spaß.«

Haha, sehr lustig, wirklich.

»Es gibt *natuurlijk* noch eine andere *Mogelijkheid*.« Wir sahen Gerrit neugierig an. »Er hat eine zuckersüße, kleine Isländerin kennengelernt und bleibt jetzt für immer da.«

Elena boxte ihm in die Seite, was Gerrits Gesichtsausdruck nach ziemlich schmerzhaft gewesen sein musste.

»Und was, wenn Nils ihm erzählt hat, dass Tom da war? Dann denkt Henrik doch, dass ich mit Tom ...«

»Also, Süße, wir gehen jetzt mal davon aus, dass er einfach keinen Empfang hat. Er wird sich schon wieder melden. Also Schluss jetzt. So, und nun zeig uns endlich mal, über wen wir hier überhaupt sprechen. Womöglich lohnt sich der ganze Aufwand gar nicht.« Elena zwinkerte mir zu und ich wusste, dass sie recht damit hatte, nicht immer gleich das Schlimmste anzunehmen und vor allem meine Phantasie ein wenig zu zügeln.

»Wow! Du hast nicht übertrieben.« Elena war tief beeindruckt, als Henrik sie von meinem Lieblingsfoto anlachte.

Danni nickte mir wohlwollend zu. »Wirklich, Maren, sehr sympathisch.«

»*Wat een lekkerding*!« Gerrit legte den Arm um mich, sah mich mitleidig an und schüttelte langsam den Kopf. »Eindeutig doch die *zuckersüße Isländerin*.«

14

Am nächsten Morgen wurde ich unsanft von meinem Handywecker aus dem Schlaf gerissen. Schnell schaltete ich ihn aus, damit Danni nicht wach wurde. Sie stöhnte kurz und drehte sich auf die andere Seite. Ganz leise stand ich auf. Nur meine Gelenke knackten, als ich mich von der Gästematratze erhob. Da Samstag war, hatte ich gute Chancen, dass auch die anderen noch schliefen und das Bad frei war. Ich war mit meiner früheren Kollegin Caro verabredet. Wir wollten im Café am Wasserturm, in dem ich mich früher so oft mit Freunden getroffen hatte, frühstücken. Das letzte Mal hatte ich Caro vor meiner Entlassung gesehen. Zwar telefonierten wir ab und zu, aber ein persönliches Treffen war schließlich etwas ganz anderes und darauf freute ich mich sehr.

Kurz vor zehn sprang ich aus der Tram. Die letzten Meter bis zum Café ging ich gemächlich zu Fuß. Ein bitterkalter Ostwind wehte durch die Gassen und ich zog meinen roten Seidenschal fast bis zu den Ohren, was nicht wirklich etwas brachte. Ich musste später unbedingt meine warmen Klamotten aus dem Keller holen.

Caro war noch nicht da und ich setzte mich an einen Tisch am Fenster. Es war wirklich gemütlich, aber zum ersten Mal hatte ich den Eindruck, dass hier etwas fehlte. Und ich wusste auch was: Dieses Café hatte einfach keine Seele. In Gedanken erstellte ich eine objektive Vergleichsanalyse zum *Petit Café* und wurde nicht einmal schwermütig dabei. Nele hatte etwas Einzigartiges geschaffen. Sie hatte ihrem Café »Seele« verliehen. Das war es, was diese einzigartige Atmosphäre ausmachte.

»Maren! Wie ich mich freue!«

Allein an ihrer leicht krächzenden Stimme hätte ich Caro schon erkannt, aber ihr Haupterkennungszeichen war die Parfümwolke, die sie immer und überall umgab. Dabei war diese gar nicht mal unangenehm und tatsächlich dezent. Sie hatte einen Parfüm-Tick und das war in Berlin eher selten. Die meisten Menschen rochen hier schlichtweg ... nach sich selbst. Alle paar Wochen hüllte sich Caro in einen neuen edlen Duft. *Damit ich das Parfüm auch selber noch bemerke*, pflegte sie dann zu sagen.

»Carooo. Endlich!« Wir fielen uns in die Arme und drückten uns ganz fest. Gut, dass ich kein Parfüm aufgelegt hatte, denn jetzt duftete auch ich pudrig frisch.

Caro hatte ich im Steuerbüro kennengelernt und auf Anhieb gemocht. Sie war Ende vierzig und irrsinnig witzig, was vielleicht auch an ihrer überbetonten Aussprache mit eben dieser krächzenden Stimme lag. Selbst privat kleidete sie sich meistens im Business-Look, dann aber in schrillen Farben. Heute trug sie einen korallenroten Hosenanzug mit farblich abgestimmten Stilettos und einer riesengroßen Umhängetasche. Abgerundet wurde das Ganze mit einem vanillefarbenen Cashmeremantel. Mit meinem Jeans- und Rolli-Look bildete ich einen deutlichen Kontrast zu ihr. Aber wen störte das schon? Die perfekte Karen sicherlich, nicht aber Caro. Sie ließ ihre femininen

Hüften in den zierlichen Korbstuhl plumpsen, zückte sogleich ihre vergoldete Puderdose und begann ihre markante Nase abzutupfen. Ihr makelloser Teint glänzte zwar kein bisschen, aber das tat sie immer, wenn sie etwas Wichtiges zu berichten hatte.

»Stell dir vor: Susanne, unsere Neue, hat gestern eine Abmahnung bekommen. Es würde mich nicht wundern, wenn sie die nächste Abschusskandidatin auf Camillas Liste ist.«

»Was für eine Liste? Was hat denn Camilla damit zu tun?«

»Ich bin mir sicher, dass Camilla hinter diesen ganzen Intrigen steckt. Es ist doch merkwürdig, dass eine Kollegin nach der anderen entweder gegangen ist oder gegangen wurde, seit Camilla in der Kanzlei arbeitet. Die verpestet das ganze Betriebsklima.«

»Das kann ich nicht beurteilen, dafür war ich nicht lange genug bei euch.«

»Die Frau ist dumm wie ein Brot, und ausgerechnet ihr sollen immer irgendwelche gravierenden Fehler auffallen? Ich habe ja schon seit längerem den Verdacht, dass sie ihre eigenen Fehler anderen in die Schuhe schiebt. Aber das macht sie nur bei den jungen hübschen, die ihr bezüglich Schröder gefährlich werden könnten. Ich passe zum Glück nicht in sein Beuteschema, schließlich bin ich zu alt und verheiratet.«

»So etwas Ähnliches hat damals auch Elena vermutet.«

»Aber, Maren, was soll ich machen? Ich kann das sogar beweisen, aber Schröder würde ja trotzdem nichts unternehmen, solange er was mit dieser Schlampe hat. Camilla manipuliert ihn und dann ziehe ich nachher doch noch den Kürzeren.«

»Nicht unbedingt. Stell dir vor, du nimmst mal ein Gespräch zwischen Camilla und dir mit dem Smartphone auf.«

Caro sah mich nichtbegreifend an. »Ja, und? Sowas zählt doch nicht.«

»Vor einem Gericht sicherlich nicht, aber Schröder findet es bestimmt nicht so prickelnd, dass Camilla in der ganzen Kanzlei die pikanten Details ausplaudert.«

Caro sah mich nachdenklich an. »Hm, ja, das überlege ich mir noch.«

»Ach, übrigens: Was glaubst du, wen ich beim Umsteigen in Hamburg gesehen habe? Trommelwirbel ... und?«

»Schröder.« Caro sagte das überraschend gelassen.

Erstaunt sah ich sie an. »Woher weißt du das?«

»Weil Camilla gestern Morgen von nichts anderem gesprochen hat. *Ich fahre mit Güntheeer, äh, Herrn Schrödeeer, übers Wochenende nach Haaambuuurg.* Widerliches Weib!«

Caro konnte sie wirklich gut imitieren und ich musste schallend lachen. »Tja, ich habe Schröders Begleitung gesehen. Und nein, es war nicht Camilla, sondern ... «, rhythmisch trommelte ich mit den Zeigefingern auf die Tischplatte, »Frau Schröder!«

Jetzt war es Caro, die verdutzt drein schaute. Dann fing auch sie an zu lachen. »Na, da wird Camilla am Montag ja eine feine Laune haben, wenn der Chef sie mal wieder versetzt hat. Wie ich ihr das gönne! Dann wird sie so richtig über ihn vom Leder ziehen. *Das* Gespräch nehme ich auf jeden Fall auf!«

Als ich am Nachmittag zurück in die WG kam, empfing mich wieder einmal nur Gerrit. Elena hatte noch ein Shooting am Potsdamer Platz, und wie ich Danni kannte, trieb sie sich in einem der zahlreichen Biokaufhäuser und Esoterikläden herum. Ich kochte uns beiden Hübschen einen herrlich cremigen Kakao mit Sahne und ganz viel von Dannis Fair-Trade-Schokoraspeln. Gerrit öffnete eine Tüte holländischer Blätterteigbrezeln.

Wir ließen uns auf das Küchensofa fallen, tratschten und kamen vom Hölzchen aufs Stöckchen.

»Maren, ich werde dich jetzt coachen.« Er zeigte mit dem klebrigen Gebäck auf mich. »Du bist mein erstes PR-Opfer.«

Gelangweilt pustete ich in meine Tasse. »Aha. Und wozu?«

»Schatje, wir müssen nicht nur an deinem jämmerlichen *Imago* arbeiten, sondern erstmal rausfinden, was du willst und kannst.« Gerrit sah mich an, als hätte er soeben eine Weltneuheit erfunden.

»Och, nee, nicht schon wieder. Das hatte ich schon alles nach der letzten Kündigung. Und außerdem: Was hast du an meinem Image auszusetzen?«

»Dein ganzes Auftreten. Das ist so ... devot. Versteh mich nicht falsch, das kann ja auf den einen oder anderen anziehend wirken, ist aber im Geschäftsleben ein absolutes *No-Go*! Und außerdem glaubt dir ja offensichtlich kein Ferkel mehr.«

Um nicht zu lachen, zog ich die Lippen ein. Gerrit sah mich streng an. »Mmpf. Mach weiter.«

Er hob arrogant eine Augenbraue und verschränkte beleidigt seine Finger. Mann, war der empfindlich.

»Sorry. Ja, du hast recht. Aber was kann ich schon

an meiner Glaubwürdigkeit ändern? Schließlich denken ja alle, dass ich Neles Café auf dem Gewissen habe.«

Gerrit erhob sich, wobei er ein Hohlkreuz machte, was durch die akkurat gebügelte blauweiß gestreifte Hose deutlich zur Geltung kam. Er baute sich direkt vor mir auf. »Hast du aber nicht! Also trag das auch genau so vor. Und zwar jedem, der es hören will oder nicht.«

»Gut, aber können wir nicht erst einmal mit den anderen Punkten anfangen, also was ich will und was ich kann?«

Gerrit fand es zwar nicht so gut, dass ich seine Agenda durcheinanderbringen wollte, willigte aber doch ein und wir fertigten eine Liste mit den Dingen an, die ich beherrsche. Das waren inzwischen eine ganze Menge, da ich meine Fähigkeiten in den vergangenen Monaten gut ausgebaut hatte. Und auch meine Ziele konnte ich zum ersten Mal konkret benennen. Das hatte ich nicht gedacht und ich war froh über Gerrits Hartnäckigkeit.

»Mit diesen Listen kannst du jetzt etwas anfangen. Am besten kopierst du sie mehrmals und deponierst ein Exemplar in einem Banksafe.«

So ganz Unrecht hatte er damit nicht. Diese Zettel gaben mir einen enormen Auftrieb und vielleicht würden sie mich immer wieder mal aus einem Tief ziehen müssen, denn es lag noch ein langer Weg vor mir.

Gegen Abend waren wir wieder vollzählig und bestellten etwas vom Thailänder, um nicht den ganzen Abend mit Kochen verbringen zu müssen. Somit hatten die Drei mehr Zeit gewonnen, um an meinem *Imago* zu basteln.

»So, Maren, nun erzähl doch mal, warum du dich für den Brand verantwortlich fühlst.« Gerrit nickte mir auffordernd zu.

»Vielleicht bilde ich mir ja auch nur ein, dass ich den Kaffeeautomaten und den Herd ausgeschaltet habe«, seufzte ich.

»Hattest du nicht direkt nach dem Brand zu Protokoll gegeben, dass du dir *ganz* sicher bist, alles ausgeschaltet zu haben?« Nachdenklich nickte ich. Danni legte einen Arm um mich. »Wie ich dich kenne, hast du das noch mindestens zweimal kontrolliert. Also wird das schon stimmen.«

»Und *wie* bitte schön soll ich beweisen, dass ich keinen Fehler gemacht habe?«

»Gar nicht«, sagte Elena entschlossen. »Es ist Sache der Polizei und der Gutachter, die Brandursache zu finden.«

»Und wenn schon, Nele wird mir immer Vorwürfe machen und wahrscheinlich hat sie ja auch recht.«

»Oh, nein, Maren. Du wirst nicht noch einmal denselben Fehler machen und die Anschuldigungen gegen dich auf sich beruhen lassen.« Jetzt war Elena richtig sauer. »Dieses Mal wirst du gefälligst kämpfen!«

Müde ließ ich den Kopf sinken. »Mir fehlt langsam die Kraft zum Kämpfen. Ich habe alles verloren: meinen Job, meine neuen Freunde und meine Hoffnung.«

»Das ist doch suupeer!« Gerrit strahlte mich an. »Dann hast du ja nichts mehr zu verlieren, Schatje.«

»Genau, wenn man mit dem Rücken zur Wand steht,« Danni ballte ihre Faust, »kann man nur noch vorwärtsgehen.«

»Esoterikschnickschnack, aber vom Prinzip her richtig.« Elena strich sich eine Strähne aus dem Gesicht. »Dabei hast du ja gar nicht alles verloren. Wir sind schließlich auch noch da.«

»... und deine Eltern, dein Onkel Piet und die perfekte Karen, die herzliche Ewa, der zuverlässige Olek, die süße Paulina«, ergänzte Danni. »Und dein Henrik wird ja auch irgendwann mal wiederkommen. Oder Tom, und dann noch dieser ..., wie heißt er noch gleich? Na ..., der Bruder von Nele.«

Ich verdrehte die Augen, aber Danni fuhr unbeirrt fort. »Egal, dann sind da noch die kuschelige Minka, die treue Lilli, die witzige Caro, die pinke Sylvie, IT-Olli, Piercing-Gregor ...«

»Ja, ganz besonders der.« Bei dem Gedanken musste selbst ich lachen. »Ihr habt Recht! Ich werde kämpfen, ich hab ja jetzt eine Liste mit Zielen. Mir wird schon noch einfallen, wie ich die alle erreiche.«

Gerrit hob sein Glas. »Auf Piercing-Gregor!«

***

Sonntagnachmittag saß ich wieder im Zug Richtung Nordfriesland. Ich hatte ein Abteil für mich allein und somit genügend Platz für die ganzen Reisetaschen mit den Winterklamotten aus dem Keller. Ganz entspannt konnte ich mich meinen Ausarbeitungen widmen. Die Auflistung meiner Ziele hatte mich nämlich auf die Idee gebracht, ein Kreativprojekt in Angriff zu nehmen. Ich stellte mir eine Scheune mit integrierter

Gastronomie vor. In dieser Kreativscheune sollte Platz für Kunst und Kunsthandwerk sein, ganz im Sinne des *Handmade*-Trends. Es sollte einen großen zentralen Raum geben, von dem mehrere kleine Ateliers abgingen, damit man trotz aller Gemeinschaft konzentriert arbeiten konnte. Und innerhalb dieses Saales sollte ein Café das ganze Projekt abrunden. Mir schwebte dabei natürlich ein *Petit Café 2.0* vor.

Zunächst musste ich eine geeignete und vor allem bezahlbare Scheune finden. Noch hatte ich nichts von meinem Ersparten antasten müssen, so dass ich finanziell noch recht gut aufgestellt war. Außerdem war ich überzeugt, dass mir meine Eltern notfalls Geld liehen. In meiner Vorstellung wollte ich allerdings die ganze Sache zusammen mit Nele wuppen, aber daran war ja im Augenblick nicht zu denken.

Also gut, Onkel Piet hatte zwar auch noch eine Scheune, aber da er irgendwann in den nächsten Jahren den Hof an Olek verpachten wollte, ging ich davon aus, dass dann diese Lagerreserve benötigt würde. Aber bei der Suche nach Räumlichkeiten gab es niemanden, der besser geeignet war als mein Onkel. Er wusste am besten, wie die Preise lagen und ob ein Gebäude auf solidem Untergrund stand. Die nächste Frage war, wie konnte ich die kreative Szene am besten erreichen? Klar, über meinen Blog und ich kannte ja auch einige in der Umgebung. Karen wusste bestimmt auch ein paar Leute, die für das Projekt in Frage kamen. Ewa und Olek konnte ich streichen, sie kannten sicher keine Künstler. Obwohl ... wir könnten natürlich auch Ewas grandiose Marmeladen vermarkten. Die waren schließlich *handmade by Ewa*. Außerdem konnte sie supergut nähen. In Gedanken fing ich schon mal an, die Scheune einzurichten und die süßen Kinderkleidchen neben handgefertigten Teddybären und Designerschmuck neben kunstvoll bedruckten Stoffen zu präsentieren.

Die ganze Scheune sollte wie ein sonniger Marktplatz wirken, nur eben unter einem riesigen Dach. Also brauchte ich Zwischenwände, die insgesamt eine Leichtigkeit im Raum aufwiesen, aber dennoch ausreichend Privatsphäre für die einzelnen Gewerke ließen. Dafür benötigte ich einen guten Zimmermann. Und das war der Haken. Jan brauchte ich erst gar nicht ins Boot setzen. Aus Solidarität zu seiner Schwester würde er sowieso ablehnen. Gut, dann würde ich Onkel Piet fragen. Der kannte unzählige Handwerker; ihm fiel bestimmt etwas ein. Ach, Olek war ja auch noch da. Es gab zwar nicht viele Polen hier, aber er war multinational prima vernetzt und kannte eine Menge Leute. Für jede Aufgabe konnte er immer mindestens drei Arbeiter benennen, die man genau für diese spezielle Tätigkeit einsetzen konnte. Und so hatte ich absolutes Vertrauen, dass Olek genau den richtigen Mann fand.

Noch wusste ich zwar nicht *wie*, aber ich wusste, *dass* ich Nele irgendwann würde überzeugen können, mit einzusteigen. Das *Wie* verdrängte ich zunächst auf die hinteren Ränge und widmete mich schon mal der Einrichtung des Cafés.

Nele hatte immer diese alten Sammeltassen, das zusammengewürfelte Besteck, die Oma-Tortenplatten und die Porzellan-Etageren. Dann noch die ganzen Accessoires, wie Glasschalen, Eierbecher mit Fuß, gravierte Wassergläser und diese hübsche alte Thermoskanne, die Henrik mit nach Föhr genommen hatte.

Nein, Maren, keine Zeit für Schwermut!, ermahnte ich mich. Gut, das wurde ein weiterer Punkt auf meiner Liste und die war doch schon mal ganz ordentlich:

1. Wo? Scheune (Onkel Piet)

2. Wer? Künstler, Kunsthandwerker, Handmade-Szene, Blogger
(Maren: Blog, Bekannte; Karen: Bekannte)

3. Innenausbau, -einrichtung? Handwerker suchen (Onkel Piet und Olek)

4. Café? Geschirr etc.: Porzellanbörsen (Maren: Internet)

5. Finanzierung? Ersparnisse Maren (+ Nele???), ggf. Kredit Eltern?

6. Wann? So schnell wie möglich :-)

Entspannt lehnte ich mich zurück. In meiner Phantasie hatte ich eine imposante Scheune mit einem riesigen blasslila gestrichenen Tor schon vollständig eingerichtet. Der Platz vor dem Gebäude war mit Kies aufgeschüttet, der beim Begehen so herrlich knirschte. Rund um die Scheune rankten duftende Rosen an schmiedeeisernen Spalieren die Wände empor. Innen wurden die einzelnen Bereiche durch halbhohe Mauern aus roten Ziegelsteinen und gekalkten Fachwerkbalken unterteilt. Diese Konstruktion vermittelte einen abgeschlossenen, aber dennoch offenen Charakter, wie eine italienische Piazza mit den kleinen

Häuschen drum herum. Und das Café bekam eine eigene angedeutete »Fassade« mit Fensterausschnitten, über denen diese gestreiften Bogenmarkisen prangten. Ja, genau so musste alles werden!

Zufrieden kam ich abends in Husum an. Onkel Piet lehnte mit verschränkten Armen an seinem Auto. Lachend fiel ich ihm um den Hals, drückte ihn einfach mal kräftig und sagte: »So, Onkel Piet, nu geiht dat los!«

15

Das Haus war hell erleuchtet, als wir den Hof erreichten. Durch die kleinen Fenster konnte man sehen, wie Ewa in der Küche rumhantierte. Paulina saß auf Oleks Schoß und erzählte ihm lebhaft etwas. Ja, das war mein Zuhause.

Beim gemeinsamen Abendessen berichtete ich von meinem großen Vorhaben. Ewa brachte alle möglichen Ideen mit ein und konnte sich sehr gut vorstellen, ihre Leidenschaft für Handarbeiten nebenbei ein wenig zu versilbern. Ihr gefiel auch der Gedanke, dass sie gar nicht selber vor Ort sein musste, sondern dass die Produkte auf Kommissionsbasis vertrieben werden konnten.

Olek sagte, er kenne zwar gute Handwerker, aber Neles Bruder sei einfach der Beste für dieses Vorhaben. Na toll, irgendwie hatte ich das schon befürchtet.

Onkel Piet sagte gar nichts, an seinem Schmunzeln merkte ich aber, dass er sich freute.

Als ich an diesem Abend zu Bett ging, sah ich auf meinem Handy vier entgangene Anrufe. Was zur Hölle war das für eine merkwürdige Nummer? Nee, da rief ich mit Sicherheit nicht zurück, sonst hatte ich nachher ein sündhaftes teures, unkündbares Abo an der Backe. Ich schrieb noch schnell eine SMS an Gerrit und teilte ihm mit, dass ich schon ein gutes Stück weiter war. Nur wenige Sekunden später schrieb er zurück. »*Du bist ein Topweib! x*«. Dieser Gerrit mit seinen witzigen Ausdrücken und dem niedlichen niederländischen Akzent. Ach, ich mochte ihn einfach, dabei kannte ich ihn vor ein paar Tagen noch gar nicht. In ihm hatte ich über das Wochenende einen neuen Freund gefunden und davon konnte ich angesichts meiner derzeitigen Situation gar nicht genug haben.

Vor lauter Aufregung wurde ich schon früh wach. Es gab schließlich eine Menge zu tun. Als ich die Treppe hinunterging, kam Onkel Piet gerade zur Haustür rein.
»Nanu? Wo bist du denn schon so früh gewesen?«
»Bei Schlachter Petersen. Der hat 'ne Scheune. Die kannste haben.«

Ich wollte schon fragen *geschnitten oder am Stück?*, verkniff es mir aber. »Echt? Wo denn?«
»Drüben am *Olde Melkstee*. Er verpachtet dir das Land, und die Scheune kannste ihm für 'n Appel und 'n Ei abkaufen.«
»Aha, und über wie viele Äpfel und Eier sprechen wir hier genau?«
»Das muss ich mir noch überlegen.« Onkel Piet rieb sich die Nase und grinste. »Den Trottel kann ich bestimmt überzeugen, dass der olle Schuppen nix wert ist.«
»Und du meinst, ein *oller Schuppen* ist das Richtige für mich?«
Er hob seine Schultern. »Jetzt iss erst mal was und dann fahren wir rüber.«
»Du glaubst doch nicht, dass ich jetzt etwas essen kann!« Ungeduldig zappelte ich hin und her.
»Ohne Frühstück geht mir keiner aus dem Haus.«

Wissend, dass Widerspruch zwecklos war, hüpfte ich schnell in die Küche.

Die Scheune war zauberhaft. Genau so eine wollte ich haben. Und ja, es war wirklich ein oller Schuppen, zwar keiner dieser üblichen Bretterbuden, sondern ein stattlicher Backsteinbau mit einem großen Tor in der Mitte und einem riesigen Dach, das von schweren Holzständern getragen wurde. Diese unterteilten den großzügigen Innenraum bereits in kleinere Segmente. Wie praktisch, da würde man nicht viel machen müssen. Auf den Trägerbalken befand sich eine Zwischendecke aus weiteren Holzbalken, die sich als Galerie über etwa die Hälfte der Grundfläche zog. Der Boden bestand aus den typischen Backsteinen, wobei ich überlegte, ob diese nicht zu kalt waren und überhaupt, wie beheizte man so eine Scheune? Ob man hier dämmen konnte? Vielleicht gab es dafür irgendwelche Förderungen. Die Fenster waren recht klein, da konnte man sicherlich problemlos eine Mehrfachverglasung einsetzen.

Mir wurde trotzdem ganz schlecht, wenn ich daran dachte, was hier noch alles zu tun war, denn so schön das Gebäude war, es war offensichtlich lange nicht genutzt worden und wirkte ganz schön runtergekommen.

Hmm, vielleicht übertrieb ich aber auch, schließlich war es eine Scheune und kein Wohnzimmer.

Mit seinen Händen in den Hosentaschen stapfte Onkel Piet durch die Scheune und begutachtete die Substanz.

»Das soll sich Jan mal ansehen. Der kennt sich aus.«

Damit war für ihn die Besichtigung zu Ende und wir fuhren zurück zum Hof.

Zuhause setzte ich mich gleich ans Notebook und recherchierte über Umbaumaßnahmen und Bausubstanz. In der Zwischenzeit fuhr Onkel Piet bei Jan vorbei, und ich war froh, dass er mir ein Zusammentreffen mit ihm ersparte.

»Also«, sagte Onkel Piet nach seiner Rückkehr, »ich war dann noch mal bei Schlachter Petersen und hab den Preis gedrückt. Wenn der wüsste ...«

»Wenn der *was* wüsste?«

»Kurz bevor Petersen das ganze Land von seiner Tante geerbt hat, ist alles saniert worden. Hätte der sich mal bei ihr blicken lassen, wüsste er davon. Jan hat selber die Balken erneuert und die Zwischendecke eingezogen. Das Dach ist schon gedämmt, ordentlich mit Dampfsperre und so. Das sieht man bloß nicht, weil er anschließend alles mit Holzbalken verschalt hat und deshalb sieht das so aus wie vor der Dämmung.«

Ich hatte keine Ahnung, wovon er sprach, wollte ihn aber nicht unterbrechen.

»Kanalanschluss und so weiter ist alles schon gelegt. Und der Boden ist auch neu. Die Bodenplatte wurde mit Horizontalsperre eingebracht. Darauf sind dann wieder die alten Backsteine verlegt worden. Das hat Fiete Sönksen gemacht. Also alles vom Feinsten.« Onkel Piet rieb sich die Hände. »Ach ja, und das Dach ist auch neu gedeckt worden. Das sind aber so Schickimicki-Ziegel, die zwar neu sind, aber alt aussehen.« Er schüttelte den Kopf.

»Ja, und was will dieser Petersen nun dafür haben?«

»Da, guck selber.« Grinsend reichte er mir einen Schmierzettel rüber, der nach Wurst roch. »Jan hat gesagt, dass der Schuppen ein Vielfaches wert ist.«

»Äh, das ist ... fair.« Das konnte ich mir locker leisten und dann bliebe noch genug für die Inneneinrichtung. »Aber ist das nicht Betrug oder Abzocke oder so?«

»Nö! Hat der doch selber geschrieben. Außerdem ist Claas Petersen ein Drecksack. Das weiß hier jeder. Und was kann ich dafür, dass der so schnell wie möglich alles verscherbeln will?« Onkel Piet hob gleichgültig die Schultern. »Ach so, und Petersen will doch nicht verpachten. Der Grund ist schon im Preis mit drin.«

Mein Onkel Piet! Was für ein Schlitzohr. Nach diesem Super-Deal hatte er sich zufrieden zum Mittagsschläfchen zurückgezogen. Mit einer Stulle in der Hand ging ich in die Stube und betrachtete kauend die Fotos auf dem Kaminsims. Eines zeigte Onkel Piet zusammen mit Olek. Beide waren in Feuerwehrmontur und standen Arm in Arm. Ihre Gesichter waren rußbedeckt, aber sie grinsten, was das Zeug hielt, in die Kamera. Daneben stand mein Lieblingsfoto. Tante Anni mit einer großen, zerbrochenen Holzkiste in den Händen. Vor ihren Füßen lag ein Berg glänzender Äpfel. Sie blickte nicht auf das Schlamassel, sondern lachte mit ihren aufgeweckten, blauen Augen in die Kamera. Das war ganz sicher einer von Onkel Piets berühmten Schnappschüssen. Er hatte die besondere Gabe, die witzigsten Ereignisse im richtigen Moment zu knipsen. Weiß der Teufel, von wo er immer die Kamera hervorzauberte. Ich hatte jedenfalls noch keine bei ihm gesehen. Vermutlich versteckte er sie in den riesigen ausgebeulten Seitentaschen seiner Arbeitshose.

Ich konnte schwören, wenn mal jemand am Strom hängen bliebe, würde Onkel Piet zuerst die Situation des wild zitternden Opfers festhalten und erst dann den Strom abschalten. Anschließend würde er vermutlich sagen: »Och, ein kleiner Schlag hat noch keinem geschadet und du hast so schön bescheuert geguckt.« Dann würde er dem armen Kerl auf die Schulter kloppen und damit wäre die Sache geritzt. Ja, so war er, mein Onkel Piet.

Punkt 1 meiner Liste – Scheune – war abgearbeitet, von der notariellen Seite mal abgesehen. Punkt 3 – Innenausbau bzw. Inneneinrichtung – stand an. Den Auftrag wollte ich nun tatsächlich an Jan und seine einarmigen Banditen, äh, chancenlosen Jungs vergeben. Schließlich kannte er die Scheune und die Substanz am besten. Dafür musste ich allerdings noch ein paar Zeichnungen machen, damit sie wussten, wie ich mir das vorstellte. Aber vielleicht wollte Jan wegen Nele gar nicht für mich arbeiten? Ach, negative Gedanken, weg mit euch, dafür hatte ich keine Zeit.

Für Punkt 2 musste ich sämtliche infrage kommenden Leute kontaktieren und von dem Projekt überzeugen. Zunächst wollte ich mit Sylvie telefonieren, ob sie sich vorstellen könne, ein paar ihrer Comics hier auszustellen. Henrik könnte hier auch eine Ausstellung machen, aber von ihm hatte ich noch immer nichts gehört. Hoffentlich war ihm wirklich nichts passiert. Ich nahm mein Handy und drückte seine Nummer. Nichts. Einfach nicht erreichbar. Aber wenn Henrik etwas passiert wäre, dann wären seine Eltern benachrichtigt worden und das hätte hier längst die Runde gemacht. Ja, diese Tratscherei war manchmal sogar recht nützlich.

Das Telefonat mit Sylvie war sehr konstruktiv. Sie war von der Idee meiner Kreativscheune begeistert und freute sich, dass ich dabei an sie gedacht hatte. Sie schlug vor, einen Teil ihrer Comics interaktiv über Tablets zu präsentieren. So richtig konnte ich mir das zwar nicht vorstellen, aber es klang interessant und Sylvie wusste bestimmt, was sie tat. Um die technische Seite sollte sich dann IT-Olli kümmern. Das lag ja auf der Hand.

Anschließend simste ich Gerrit, dass ich die perfekte Location für mein Vorhaben gefunden hatte. Das Tolle war, dass er immer erreichbar war, was ich von Elena oder Danni nicht sagen konnte, also nutzte ich ihn als Schnittstelle zu den beiden Mädels. Gerade hatte ich auf *Versenden* gedrückt, da klingelte prompt mein Handy.

»Das ist ja phan-taaas-tisch! Du musst mir alles ganz genau erzählen, Schatje. Wann geht's denn los?«

Bis ins kleinste Detail berichtete ich wirklich alles über die Scheune, Claas Petersen und Onkel Piets Verhandlungsgeschick. Gerrit warf bei jeder meiner Atempausen ein »*Wahnsinn*« ein. Vermutlich wäre er am liebsten sofort in den Zug gestiegen, nur um dabei sein zu können, wenn das Projekt Formen annahm. Das wäre allerdings keine gute Idee, wenn dieser Paradiesvogel mit seinem schillernden Äußeren die

Landbevölkerung erschreckte. Wie sollte ich dann noch Jan überzeugen, mir zu helfen, wenn selbst ich ihm schon suspekt war?

»Tja, und deshalb muss ich jetzt noch Neles Bruder fragen, ob er mir helfen kann«, schloss ich meine Berichterstattung.

»Schatje, ich bin ja sooo stolz auf dich!« Da musste ich echt grinsen, schließlich kannte ich Gerrit gerade mal wenige Tage.

Kaum hatten wir unser Gespräch beendet, da klingelte es schon wieder. Oh Mann, was war denn heute los?

»Hallo Maren, ich muss dir unbedingt etwas erzählen. Das glaubst du nicht!«, krächzte es mir entgegen.

»Caro, wie schön, was gibt es denn?«

»Also«, Caro hüstelte, »ich hab's getan! Dabei war es gar nicht nötig, aber man weiß ja schließlich nie, wofür es gut ist ...«

»Ich habe keine Ahnung, wovon du sprichst.«

»Äh, na du weißt schon, ich habe das Gespräch mit Camilla aufgezeichnet. Und stell dir vor, was passiert ist. Du glaubst es nicht. Das war ...«

»Caro, bitte heute noch!«

»Jaha. Also, ich saß heute Morgen mit Susanne in meinem Büro und erzählte ihr gerade, dass du Schröders in Hamburg gesehen hast, da kam Camilla freudestrahlend rein und setzte sich ganz überheblich auf meinen Tisch. Siehst du es vor dir? Die Schlampe mit ihrem Billigfummel, presst ihren fetten A...«

»Caro!«

»Gut. Also, wir dachten doch, sie wäre total sauer, weil das mit ihrem Liebeswochenende in Hamburg nicht geklappt hat. Auf jeden Fall habe ich unbemerkt mein Smartphone eingeschaltet. Boah, ich hatte vielleicht Herzklopfen und in dem Moment fragt Susanne scheinheilig ›*Wie war Hamburg?*‹ Ich dachte schon, jetzt heult Camilla hier gleich rum. Aber was glaubst du, was die antwortet?«

»Na, sag endlich!« Langsam reichte es mir.

»*Aaach Güntheeer, äh, Herr Schrödeeer, war sooo zauberhaft. Er hatte eine Honeymoon-Suite in einem gaaanz tollen Hotel an der Alster gebucht. Das war sooooo romantisch! Und dann hat er mir einen Antrag gemacht und gesagt, dass er bald die Scheidung einreicht. Ich bin ja soooo glücklich.*«

»Das glaub ich nicht! Das heißt ja, dass die gar nichts miteinander haben! Das war alles gelogen?« Jetzt war ich platt.

»Wart ab, es kommt noch besser.« Caro holte tief Luft, und weil mein Ohr schon ganz heiß war, schaltete ich auf *Laut* und legte mein Handy auf den Tisch. »Dann sagte Camilla, dass Schröder einen Fehler entdeckt habe, den Susanne gemacht haben soll, dass es ihm jetzt reiche und er sie rausschmeiße. Sie selber hätte sich ja noch für Susanne eingesetzt, aber der Fehler sei wirklich so dumm und regelrecht existenzbedrohend für die Kanzlei, da könne selbst sie nichts mehr tun. *Obwohl ich ja gaaanz genau weiß, wie ich meinen Güntheeer um den Finger wickeln kann.* Susanne verzog natürlich keine Miene. Aber das Allertollste war, dass Camilla gerade haarklein erzählte, wie sie es ihrem *Tigeeer* auf dem King Size Bett mit Alsterblick besorgte, als Schröder hinter ihr stand.« Hysterisch schrie ich auf und klatschte in die Hände. Caro räusperte sich und fuhr fort.

»Herr Schrödeeer, was machen Sie denn hiiier? Sie wollten doch erst gegen Mittaaag ... und so weiter und so fort. Du glaubst gar nicht, wie schnell Camilla ihren Schreibtisch geräumt hat. Weil Schröder nicht alles gehört hat, habe ich ihm den Anfang der Aufnahme vorgespielt und das war auch gut so, denn damit konnten wir ihm ja auch noch beweisen, dass wir Camilla auch der ganzen Fehler und Intrigen verdächtigt haben, da sie das bei dir ja auch so gemacht hat.«

»Ich verstehe trotzdem nicht, warum sie das alles getan hat.«

»Vermutlich wollte sie Angst unter den Kollegen säen und sich so eine Machtposition sichern, nur um ihre eigenen Fehler zu vertuschen. Na, auf jeden Fall hat Schröder sofort ein Entschuldigungsschreiben für dich diktiert und dir dann ein ausgezeichnetes Zeugnis ausgestellt. Es würde mich nicht wundern, wenn er dich bittet, zurückzukommen.«

Ich schüttelte den Kopf. »Verrückte Welt.«

16

Es war doch wirklich wie verhext. Vor ein paar Tagen hätte ich noch über meine berufliche Rehabilitierung gejubelt. Den Job in der Kanzlei hätte ich notgedrungen angenommen, aber jetzt war wieder einmal alles anders. Auf jeden Fall freute es mich, dass sich von nun an das Arbeitsklima im Steuerbüro wieder besserte und Susanne ihre Arbeit behalten konnte. Na, und ich war froh, dass ich nun ein Projekt hatte, hinter dem ich voll und ganz stand und von dessen Erfolg ich absolut überzeugt war. Also, im Grunde müsste ich mich ja bei Camilla bedanken, aber das hatte sie natürlich nicht verdient.

Da ich gerade in Redelaune war, meldete ich mich endlich mal wieder bei Karen, um sie auf den aktuellen Stand zu bringen. Sie wusste ja noch gar nichts von meinem Vorhaben.

»Du kennst dich doch da aus, wie lange wird das dauern, bis alles notariell über die Bühne ist?«

»Stell dich mal auf mindestens zwei Monate ein.«

»ZWEI MONATE? Soll das ein Witz sein? Schließlich muss noch ausgebaut werden.«

»Maren, wir sind hier auf dem Land, da dauert das eben alles länger. Ich schau mal, was ich für dich tun kann. Schließlich kenne ich hier alle Notariate.«

Na toll, das fing ja mal wieder gut an.

»Die spinnt doch!« Onkel Piet legte das Besteck zur Seite und schob seinen sorgfältig abgegessenen Teller zur Seite. »Ich fahr gleich mal bei Krischan vorbei.« Er stand auf und fuhr weg. Keine Ahnung, wer oder was Krischan war und was er da wollte.

Nach einer Dreiviertelstunde kam Onkel Piet wieder.
»So, mien Deern, alles geritzt. Kommenden Montag um elf sind wir mit Claas Petersen beim Notar.«

In meinen Augen blinkten offensichtlich riesige Fragezeichen, weshalb er mir sagte, Krischan sei einer seiner Jagdgenossen und gleichzeitig Notar.

»Bei dem hab ich noch was gut.« Onkel Piet schmunzelte geheimnisvoll. Nein, ich wollte lieber nicht wissen, was er damit meinte.

***

Montag konnten wir nach der notariellen Verlesung den Kaufvertrag direkt unterzeichnen. Onkel Piet hatte im Vorfeld ja schon alles mit ihm besprochen und den Wurstzettel übergeben. Sowohl Claas Petersen als auch wir hatten keine weiteren Fragen. Dieser Petersen war einfach nur froh, dass ihm die vereinbarte Kaufsumme bereits in der kommenden Woche zuging. Ich war glücklich, nun Eigentümerin der Scheune zu sein, um endlich loslegen zu können. Und Onkel Piet, der freute sich diebisch, ein brillantes Geschäft eingefädelt zu haben.

Der Notar hatte mich allerdings noch darauf hingewiesen, dass ich für mein Vorhaben unbedingt eine Nutzungsänderung der Scheune beantragen müsste und dafür eine Baugenehmigung benötigte. Mir war zwar nicht ganz klar warum, aber das wollte ich zuhause sofort nachschlagen.

Leider hatte Krischan recht und ich suchte nach einem entsprechenden Formular zum Download. War ja mal wieder klar, dass es so etwas für fast jedes Bundesland gab, für Schleswig-Holstein aber natürlich nicht. Wie lästig.

Onkel Piet hatte zwar Kontakte zum Bauamt, aber leider keine guten. »Der ist 'ne blöde Sau!«

Okay, das war deutlich. Also blieb mir noch Plan B in Form meiner perfekten Cousine.

»Karen, hast du *gute* Beziehungen zum Bauamt?«

Selbstverständlich hatte sie die und so gab ich ihr meine ganzen Daten durch und alles, was sie zur Vorbereitung der Anträge benötigte.

»Dann komme ich morgen Abend wegen der Unterschriften bei dir vorbei«, sagte Karen geschäftig, »und sag Onkel Piet, dass er sich gefälligst raushalten soll. Er hat Herrn Kuhn schon einmal beleidigt und das könnte sich nachteilig für dich auswirken.«

***

Am nächsten Abend wartete ich auf Karen, aber dann rief sie bloß an.

»Ich hab gestern noch persönlich mit Herrn Kuhn von der Bauaufsichtsbehörde telefoniert und er sagte, er benötige konkrete Baupläne für die Toiletten. Die müssen zusammen mit dem Antrag eingereicht werden. Wenn die Pläne fertig sind, sag mir Bescheid, dann komme ich vorbei.«

Blöde Kuh, das hätte sie mir auch gestern schon sagen können. Mann, wieder eine unnötige Verzögerung. Wieder setzte ich mich an mein Notebook und schaute nach, wie solche Baupläne auszusehen hatten und vor allem, *wer* für so etwas zuständig war.

Gerade klickte ich mich durch die Website eines Fachmanns für Heizung & Sanitär, als von der Auffahrt zum Hof lautes Motorradgeknatter heraufdrang. Gespannt sah ich aus dem Fenster. Henrik! Er war wieder da! Schnell warf ich einen flüchtigen Blick in den Spiegel, hauchte zweimal in meine gewölbte Handfläche und sprang zur Tür hinaus, als er gerade den Helm abnahm und vom Motorrad stieg. Erleichtert fiel ich ihm um den Hals und wir küssten uns, als hätten wir uns eine Ewigkeit nicht gesehen, was ja faktisch auch stimmte.

»Wo warst du denn? Ich hab tausendmal versucht dich zu erreichen und warum hast du dich nicht bei mir gemeldet und ...«

Henrik legte seinen Zeigefinger auf meine Lippen. »Psst. Wie du weißt, war ich in Island. Mein Handy wurde gestohlen und es hat eine ganze Woche gedauert, bis ich mir endlich ein neues kaufen konnte. Und: Ich habe dich angerufen. Ziemlich oft sogar.«

»Oh«, mir fiel die merkwürdige Nummer wieder ein, die ständig auf meinem Display stand. »Das warst du? Jetzt komm erst mal rein. Es ist so viel passiert und du hast sicher auch eine Menge zu erzählen.«

***

»Ich bin so froh, dass du endlich wieder da bist. Es war alles so schrecklich.« Zufrieden kuschelte ich mich wieder an seinen warmen Körper.

»Das glaube ich. Es muss die Hölle für dich gewesen sein, bei dem, was du alles erlebt hast, und dabei war ich nur knapp drei Wochen weg.« Henrik zog behutsam die Bettdecke bis zu meinem Hals. »Nächstes Mal nehme ich dich mit.«

Das war alles, was ich noch mitbekam, bevor ich zufrieden einschlief.

Seit Wochen hatte ich nicht mehr so gut geschlafen. Es war ein tiefer, traumloser Schlaf und ich fühlte mich morgens wunderbar erholt. Henrik sah unfassbar anziehend aus, wie er so schlafend da lag. Es fiel mir schwer, ihn nicht zu wecken, aber laut eigener Aussage konnte er ziemlich ungemütlich werden, wenn man ihn aus dem Schlaf riss. Lautlos zog ich mich an und ging hinunter in die Küche, wo Ewa schon leise singend putzte. Paulina saß an dem großen Küchentisch und fütterte Anja, ihre Puppe. Das sah so niedlich aus, weil beide das gleiche Kleid trugen. Ewa konnte wirklich gut nähen und sie hatte einen ausgezeichneten Geschmack.

»Einen wunderschönen guten Morgen, ihr drei Hübschen.« Beschwingt drehte ich eine Pirouette, naja, so etwas Ähnliches. Paulina sah sich nach mir um und kicherte.

»Jaja, du brauchst heute sicher kein Frühstück. So wie du guckst, lebst du gerade nur von Luft und Liebe.« Ewa lachte mich herzlich an. »Aber dein Motorradfahrer kann sicher ein kräftiges Frühstück gebrauchen.« Sie zwinkerte mir zu.

»Henrik schläft noch, aber später mit Sicherheit.«

»Hier, das soll ich dir von Piet geben.« Ewa überreichte mir ein großes Kuvert.

»Wo ist er eigentlich hin?« Ungeduldig öffnete ich den Umschlag. »Oh, das sind ja schon die Unterlagen vom Notar.«

»Er ist mit Olek zur Scheune gefahren. Sie treffen sich da mit Knudsen.«

»Dem Elektriker Knudsen?«

»Nein, mit dem Bruder, Sanitär-Knudsen.«

»Aha. Und hat er auch schon jemanden wegen der Beheizung gefunden?«

»Soviel ich weiß, ja.«

»Lass mich raten«, kicherte ich. »Heizungs-Knudsen? Noch ein Bruder?«

»Ja, klar.« Ihrem Blick nach fand sie das offenbar keineswegs ungewöhnlich. Mehr musste ich im Augenblick allerdings nicht über diese Familie wissen und ging zum Kühlschrank.

Sehr zu Ewas Erstaunen hatte ich einen Bärenhunger. Nach zwei riesigen Marmeladenbroten wollte ich gerade wieder hochgehen, als Henrik die Treppe herunterkam.

»Nanu, du bist ja schon auf?«

Er hatte bereits seine Jacke an, gab mir einen Kuss und nahm seinen Helm. »Ich hab heute noch eine Menge zu tun. Sehen wir uns heute Abend?«

»Ja, gut«, enttäuscht nickte ich und brachte ihn zur Haustür.

Pünktlich zum Mittagessen kamen Onkel Piet und Olek zurück.

»Also, die Knudsen-Brüder machen uns einen

Kostenvoranschlag. Einmal regulär und einmal ...«

»... schwarz? Kommt nicht in Frage!« Resolut verschränkte ich meine Arme und sah die beiden streng an.

»Nee, mien Deern. *Und einmal* mit den Jungs von Jans Verein. Da sparst du einen Haufen. Wart's ab.«

Er schaute, was Ewa zum Mittag gekocht hatte, rieb sich die Hände und nahm genüsslich Platz.

***

Bereits nach wenigen Tagen hatten die Knudsens ihre Kostenplanung fertig. Hätte ich nicht schon am Tisch gesessen, wäre ich vor Schreck auf den Hintern gefallen. »Alles in allem fast siebzigtausend Euro? Wollen die einen Palast daraus machen?« Ich war außer mir vor Wut und Panik. »Das kann ich mir nicht leisten, damit ist das Projekt *Kreativscheune* schon am Ende, bevor ich überhaupt angefangen habe!«

»Nu mach mal nicht die Pferde scheu! Ich hab doch gesagt, dass es noch einen zweiten Kostenvoranschlag gibt.« Onkel Piet schob mir ein Blatt rüber, auf dem alle möglichen Berechnungen gekritzelt waren. Mich interessierte allerdings nur die Endsumme. Und die war immer noch zu hoch.

Missmutig ließ ich die Schultern hängen und stützte meinen Kopf mit den Händen.

Er klopfte auf meine Schulter. »Ich bin ja auch noch da.«

»Das geht doch nicht. Was, wenn's ein Flop wird?«

»Das wird schon, mien Deern, das wird schon. Kümmer du dich lieber um das ganze Innenzeug.«

Ich war wirklich froh, dass Onkel Piet und Olek mir so viele Arbeiten abnahmen und dazu auch noch die unangenehmsten. Glücklicherweise hatten sie jetzt im November nicht mehr so viel zu tun und ich hatte den Eindruck, dass es den beiden sogar Spaß machte. Vor allem aber war ich erleichtert, dass sie sich mit Jan trafen und mir somit dessen vorwurfsvolle Blicke erspart blieben. Von Nele hatte ich gar nichts mehr gehört und auch ihre Eltern sah ich nirgends, was natürlich auch ein wenig an der Jahreszeit lag.

***

Henrik zupfte an meinem flauschigen Wollschal und zog ihn ein wenig höher, bis fast über mein Kinn. Dick eingemummelt saßen wir auf der kleinen Holzbank vor Onkel Piets Haus und beobachteten Lilli, die im Hof herumschnüffelte. Es war ein sonniger, aber eiskalter Nachmittag.

»Gestern Abend habe ich Nils getroffen.« Henrik rieb sich die Hände warm. »Bei ihnen hängt der Haussegen schief, aber er hat keine Ahnung warum.«

»Na, das ist doch verständlich. Nele hat schließlich ihre berufliche Existenz mit einem Schlag verloren, und solange die Brandursache nicht feststeht, wird wohl auch die Versicherung nicht zahlen.«

»Ja, schon, aber sie geht kaum noch aus dem Haus und spricht so gut wie gar nicht mehr mit Nils, als sei es seine Schuld. Er vermutet bei ihr eine Depression.«

»Ach, ich weiß nicht. Das kann ich mir bei ihr gar nicht vorstellen.« Wenn das allerdings stimmte, dann gab sie natürlich mir die Schuld. Und die anderen sicher auch. »Hat er sonst noch etwas gesagt?«

»Nein, ich sollte nur alles über meine Reise erzählen. Vermutlich wollte er einfach mal was anderes hören und in Ruhe ein Bier trinken.« Henrik nahm meine Hand. »Sag mal, könntest du dir vorstellen, mit mir nach Australien zu fliegen?«

»Australien? Ja, klar, da wollte ich schon immer mal hin. Wenn das mit der Scheune alles gut läuft, könnte das bestimmt im nächsten Winter klappen.« Ich wand umständlich meinen Kopf und drückte einen Kuss in seine Handfläche.

»Maren, ich dachte schon an Ende nächsten Monats. Ich habe einen Wahnsinnsauftrag für einen Fotoband bekommen und würde dich sehr gerne mitnehmen.« Die Goldfunken in seinen Augen glitzerten mich erwartungsvoll an.

»Aber ... ich kann hier doch jetzt nicht weg«, flüsterte ich. »Ich bin doch noch ganz am Anfang.«

»Kannst du denn nicht einfach das ganze Vorhaben verschieben? Die Scheune gehört dir doch schon, die läuft dir nicht mehr weg. Und wenn wir nach einem Jahr zurückkommen ...«

Entsetzt sprang ich auf. »EIN JAHR?« Ich hatte mich wohl verhört. »Du willst allen Ernstes ein ganzes *Jahr* nach Australien?«

»Na, überleg doch mal, was wir da alles machen können. Wir reisen über den ganzen Kontinent. Stell dir vor: Sidney, Ayers Rock, Outback, Kängurus. Komm schon, Maren, ich weiß, dass dir dieses Abenteuer gefallen wird.«

»Henrik, das alles hier ist mein Abenteuer. Ein ganzes Jahr Australien. Sowas bricht man doch nicht einfach so übers Knie. Das muss doch vorbereitet werden.«

»Dafür haben wir doch noch über einen Monat Zeit.«

»Ich kann doch nicht einfach so alles stehen und liegen lassen. Gerade jetzt, wo ich zum ersten Mal ganz genau weiß, was ich will. Das ist mein allererstes eigenes Projekt.«

Henrik packte mich an den Oberarmen und strahlte mich begeistert an. »Hey, wir sind jung, die Welt steht uns offen und wartet nur darauf, von uns erobert zu werden! Du musst dich ja nicht sofort entscheiden und ich will dich nicht unter Druck setzen, aber eine Fernbeziehung kommt für mich auf Dauer nicht infrage. Maren, bitte überleg es dir in aller Ruhe!«

Mein Kopf war leer und ich wusste gar nicht, was ich sagen sollte. In aller Ruhe überlegen? Na, so viel Zeit zum Nachdenken blieb mir ja nun auch wieder nicht, wenn es schon kommenden Monat losgehen sollte.

Wieder einmal lag eine schlaflose Nacht vor mir, in der ich mich umherwälzte und mir den Kopf zermarterte.

Henrik war so ein aufregender Mann, und na klar, wollte ich mal nach Australien. Aber nicht dermaßen überstürzt und nicht jetzt. Was aber war die Alternative? Henrik und ich waren noch nicht so lange zusammen und dann schon eine Fernbeziehung? Außerdem hatte er ja gesagt, dass dies keine Option sei. Nahmen wir mal an, ich würde ihn begleiten und erst nach einem Jahr mit der Kreativscheune beginnen: Was käme dann als Nächstes? Wollte Henrik dann vielleicht ein Jahr nach Tibet, Bolivien oder sonst wo hin? Ich könnte ihn doch nicht ständig begleiten.

Fakt war, dass Henrik ein Nomadenleben führte. Aber wollte ich das auch? Ich hatte das Gefühl, damit auf ein Leben zuzusteuern, das mir nicht gefiel. Wenn ich nicht mitkäme, wäre unsere Beziehung zu Ende, bevor sie richtig begonnen hatte.

Niedergeschlagen stand ich wieder auf, zog mir einen dicken Pulli über und klappte mein Notebook auf. Kritisch betrachtete ich mein Lieblingsfoto von Henrik. Er passte so gut in diese exotischen Gefilde, aber *mich* sah ich einfach nicht in diesem Kreise sitzen.

Als ich am nächsten Vormittag schon von Weitem das Geknatter von Henriks Motorrad hörte, saß ich gerade auf den kalten Stufen am Hauseingang. Er stieg ab und Lilli sprang fröhlich bellend um ihn herum.

Langsam erhob ich mich und ging ihm entgegen. Wir umarmten uns lange, ohne ein Wort zu sagen. Dann sah ich zu ihm auf und blickte in seine wunderschönen braunen Augen.

»Henrik, so leid es mir tut, aber ich werde nicht mitkommen. Ich kann einfach nicht.«

Er nickte, als hätte er damit gerechnet. »Ja, das habe ich mir schon gedacht und ich glaube, du hast recht. Ständig auf Reisen zu sein, das passt nicht zu dir. Dein Platz ist hier.«

Ich presste meine Lippen aufeinander. Heiße

Tränen füllten meine Augen.

Henrik drückte mich fest an sich und küsste mein Haar. »Das war es dann also«, seine Stimme klang tieftraurig.

Die Tränen brannten auf meinen eisigen Wangen. Mit einem dicken Kloß im Hals konnte ich bloß nicken.

17

Ich wusste, dass ich die richtige Entscheidung getroffen hatte. Da war ich mir absolut sicher, auch wenn sich im Moment alles irgendwie schwammig anfühlte. Aber so betrübt ich auch war und so oft ich auch an Henrik dachte, ich musste mich auf meine Planung konzentrieren, wenn ich weiterkommen wollte. Außerdem war Arbeit die ideale Ablenkung. Auf einem Stift kauend, saß ich am Küchentisch. Vor mir lag ein Stapel leerer Blätter. Meine Skizzen für den Innenausbau der Scheune standen dringend an, damit Jan mit der Kostenplanung für das Café beginnen konnte. Meine erste Zeichnung war in Bezug auf meine Finanzen viel zu aufwendig, also reduzierte ich bei den weiteren Skizzen alles auf ein Minimum.

Nach einer Stunde war der ganze Küchenboden mit zerknülltem Papier übersät. Mensch, das ging gar nicht! So war das doch nicht mehr meine Kreativscheune. Das hatte mit meiner ursprünglichen Idee rein gar nichts mehr zu tun.

Nachdenklich lehnte ich mich zurück und verschränkte die Arme hinter meinem Kopf. Jetzt war ich so weit gekommen. Gut, da gab es noch die eine oder andere Hürde zu nehmen, aber im Grunde war alles auf Erfolg programmiert. Davon war ich fest überzeugt. Alle fanden das Konzept super und mein Kopf platzte fast vor lauter neuen Einfällen. Welche Optionen hatte ich zur Verwirklichung?

Das Geld würde ich tatsächlich beschaffen können. Da waren meine Eltern, dann Onkel Piet und wahrscheinlich bekäme ich sogar einen Kredit, schließlich hatte ich Sicherheiten und einen Businessplan. Dann hätte ich meine komplett ausgebaute Scheune und ein tolles Café, aber das war es nicht, was ich wollte. Es musste diese ganz besondere Atmosphäre aus dem *Petit Café* sein. Genau, *das* war es, was ich wollte. Nele musste her – egal wie. Und was hatte ich zu verlieren? Sie würde mir schon nicht die Augen auskratzen. Ja, ich würde zu Nele gehen!

***

»Du willst *was* machen?« Danni war entsetzt. »Maren, du weißt, dass ich immer hinter dir stehe und echt stolz auf dich bin, aber: Du spinnst!«

»Der Schuss kann nur nach hinten losgehen, Süße«, pflichtete Elena ihr bei. »Warum sollte Nele ihre Meinung geändert haben?«

»Keine Ahnung, aber ich muss es probieren. Schlimmer kann es doch sowieso nicht mehr werden.«

»Doch, Schatje, glaub mir, es geht immer *noch* schlimmer.«

»Danke, Gerrit, das baut mich ja ungemein auf.«

»Wir wollen dich doch bloß schützen, Süße. Erst die Sache mit Henrik und dann noch eine Abfuhr von Nele. Willst du dir das wirklich antun?«

»Nein, ich bin echt nicht scharf darauf, das könnt ihr mir glauben, aber ich *muss* es tun.«

Damit stand es 3:1 für Berlin. Ich hatte wirklich ein besseres Ergebnis erwartet. Blöde Konferenzschaltung.

Es war ja so: Normalerweise schwebten Engelchen und Teufelchen um einen herum, um einem das Leben schwer zu machen. Bei mir war das natürlich mal wieder viel komplizierter. Um mich herum schwirrte es so, als hätte man sich gerade den Kopf angehauen und hörte die Vögelchen singen. Aber statt niedlicher Federknäuel drehte sich um meinen Kopf ein ganzes Kettenkarussell, auf dem lauter Leute saßen, die sich in wirklich *alles* einmischten und ihren Senf auch noch lauthals dazugaben. In einem der Sitze befand sich dann zum Beispiel Elena, die auch noch in schwindelnder Höhe, mit ihren meterlangen Beinen baumelnd, umwerfend aussah und rief »*Werd mal erwachsen, Süße. Und denk dran: Kontakte, Kontakte, Kontakte!*« Dann waren da meine sorgengeplagten Eltern, deren Rat ich meistens ignorierte, weshalb Mama dann immer eine Flunsch zog und Papa tröstend den Arm um sie legte. Dannis Lösungsansätze bestanden entweder aus einem psychologischen Fachvortrag mit der ausführlichen Analyse aller Möglichkeiten, unter Einbeziehung des Seelenlebens der beteiligten Personen, sowie deren tragischer Kindheitstraumata, oder sie schrie einfach: »*Mensch, mach hinne!*«

Dann hatten wir da noch meine geliebte Omi, den fetten Axel aus der Parallelklasse, die strenge Moosgruberin aus der Musikschule, mit ihren Standardfloskeln »*Ohne Fleiß, kein Preis*« oder »*Was du heute kannst besorgen ...*« blabla. Oft gesellten sich auch Caro, Camilla und sogar Schröder dazu. Tja, und Gerrit hatte inzwischen auch ein todschickes Ehrenplätzchen.

Aber dieses Mal würde ich mir die Ohren zuhalten und alle Einwände ignorieren, die realen und die meiner Phantasie entsprungenen. So!

Beim Abendessen fragte Onkel Piet, ob ich inzwischen etwas vom Bauamt gehört hatte. Schließlich hatte Karen die unterzeichneten Unterlagen für die Nutzungsänderung schon vorletzte Woche abgeholt.

»Nein, aber sie hat ja angekündigt, dass es dauern kann.«

»Da fahr ich morgen hin und mach dem Trottel Beine.«

»Genau das wirst du nicht tun! Karen hat doch gesagt, dass wir uns besser raushalten sollen. Sie kümmert sich schon darum.«

Bereits am nächsten Vormittag fuhr ich zu Nele. Meine Zeichnung hatte ich mitgenommen. Ja, ich war mir sicher, dass sie ihr gefiel, hatte aber keinen blassen Schimmer, was ich sagen sollte. Vielleicht sollte ich mich entschuldigen? Blödsinn, ich würde ihr erst mal den Plan zeigen.

Entschlossen stellte ich das Fahrrad ab und ging Richtung Haustür. Auf den Eingangsstufen hielt ich jedoch inne.

Wie sollte ich nur beginnen? Wahrscheinlich hatte Danni recht, das war eine idiotische Idee. Aber ich wünschte mir so sehr, dass alles wieder gut käme zwischen Nele und mir. Ach, jetzt war ich schon mal hier, also: Augen zu und durch! Mein behandschuhter Zeigefinger ruhte auf dem Klingelknopf. Hey, ich brauchte nur noch zu drücken. Noch einmal tief durchatmen und los. Es ertönte die laute Big Ben-Melodie der Türklingel.

»Maren!« Hannis strahlende Augen blickten mich milde an. »Wie schön, Kind. Komm rein.«

Sorgfältig trat ich meine Schuhe ab und zog die Handschuhe aus. Als ich gerade in die gemütliche Friesenküche gehen wollte, kam Nele die Treppe herunter. Auf halber Höhe blieb sie überrascht stehen und sah mich an. Nicht böse, wie bei unserer letzten Begegnung, aber doch sehr ernst.

»Was machst du denn hier?«

»Hallo, Nele. Ich kann nicht anders, ich muss mit dir sprechen. Schmeiß mich bitte nicht gleich raus. Hör mich erst an.« Meine Stimme klang fast flehend.

Nele stieg die letzten Stufen herab und blieb direkt vor mir stehen. Ihr Gesicht war jetzt so nah an meinem, dass ich es fast als Bedrohung empfand. Da fiel mir dieser Spruch ein, dass man von einem Angreifer nicht getroffen wurde, wenn er ganz nah an einem dran war. Das war doch beruhigend. Nicht, dass ich wirklich davon ausging, von Nele eine zu fangen, aber mit *dem* Wissen fand ich es doch weniger bedrohlich.

»Nele, ich ...«

»Einen Moment, Maren«, unterbrach sie mich energisch, »erst habe ich *dir* etwas zu sagen.«

Um sie besser sehen zu können, trat ich dann doch einen Schritt zurück.

»Ich muss mich bei dir entschuldigen.«

Erstaunt blickte ich sie an. Damit hatte ich nicht gerechnet. »Aber ...«

»Nein, Maren, ich habe dir Unrecht getan und das tut mir unendlich leid. Schon seit ein paar Tagen will ich zu dir kommen, aber ich habe mich einfach nicht getraut.« In Neles Blick paarte sich Verzweiflung mit Erleichterung. »Ich war nach dem Brand so wütend und unglaublich traurig, dass ich meinen ganzen Frust an dir ausgelassen habe. Dabei konntest du nun wirklich nichts dafür. Die Ursache wurde inzwischen ermittelt: Es war Brandstiftung, das steht jetzt fest.«

»Was? Das ist ja schrecklich.« Damit hatte ich nun gar nicht gerechnet. Eher mit einem Kurzschluss oder vielleicht irgendetwas mit dem blöden Kaffeeautomaten. »Weiß man denn schon, wer das war?«

»Nein, die Polizei vermutet, es war einer dieser Idioten, die in der Gegend immer wieder mal was abfackeln, um sich wichtig zu machen.«

»Können sich diese Psychos nicht was anderes einfallen lassen, als Leute in Gefahr zu bringen und Existenzen zu vernichten? Mann!« Boah, ich hätte mich jetzt wirklich in Rage reden können, aber deshalb war ich schließlich nicht hier. »Naja, aber im Grunde bin ich froh, dass die Ursache endlich gefunden wurde! Ich hatte wirklich Angst, dass *ich* womöglich doch was falsch gemacht habe.«

»Nein, überhaupt nicht. Und das Beste ist, dass nun endlich der Auszahlung der Versicherungssumme nichts mehr im Wege steht.«

»Das ist ja großartig! Das bedeutet aber doch auch, dass du reif für eine neue Herausforderung bist«, erfreut zwinkerte ich Nele zu, drückte ihr die Zeichnung in die Hand und erläuterte in allen Einzelheiten meine Pläne.

»Puh, ich sehe schon, dir gehen die Ideen nicht aus. Maren, das klingt phantastisch!«

»Das heißt, du bist dabei?«

»Na klar, was denkst du denn? Wir sind doch ein Top-Team!«

Vor Erleichterung und Rührung war mir zwar eher nach Heulen zu Mute, aber ich fiel ihr einfach nur lachend um den Hals. Wir verabredeten uns für den Nachmittag, damit sich Nele die Scheune ansehen konnte.

Beschwingt und überglücklich radelte ich nach Hause. Was wollte ich mehr? Nele saß mit im Boot und, da sie einen beträchtlichen Betrag von der Versicherung zu erwarten hatte, wollte sie den gesamten Café-Part übernehmen und somit auch bezahlen. Jetzt würde doch noch alles gut werden. Ich freute mich so auf unsere Zusammenarbeit.

Stürmisch rannte ich in die Küche. »Onkel Piet, Nele ist mit von der Partie! Sie übernimmt das Café und ich war überhaupt nicht schuld an dem Brand und stell dir vor, es war Brandstiftung, so wie du von Anfang an vermutet hast, und Nele bekommt das Geld von der Versicherung und dann ist auch der Innenausbau gerettet und ...«

»Ihr vertragt euch also wieder. Wurde ja auch Zeit.«

Nickend nahm ich meine Post, die mir Ewa auf einen Stapel gelegt hatte. »Ein Brief vom Bauamt.« Ungeduldig riss ich den Umschlag auf. »Was? Der Antrag wurde abgelehnt!«

Onkel Piet sprang auf. »Da fahr ich jetzt hin. Dem haue ich eine rein.«

»Halt! Das wirst du nicht tun! Ich ruf jetzt Karen an.« Zittrig wählte ich ihre Nummer. »Mist, Mailbox. Na gut, dann fahr ich jetzt zum Bauamt.«

Es war kurz nach zwölf, das konnte ich vergessen: Mittagspause. Also musste ich vor der Scheunenbesichtigung zum Amt, aber zunächst rief ich Nele an.

»Die Nutzungsänderung wurde abgelehnt«, sagte ich verstört.

»Maren, du hast so viel erreicht. Du wirst doch wohl jetzt nicht aufgeben?«

»Nein, ich fahre da gleich nach der Mittagspause hin, aber ich bin es so leid, ständig Knüppel zwischen die Beine zu bekommen. Wir treffen uns dann später an der Scheune. Ich schicke dir eine SMS, wann ich da sein kann.«

***

Energisch lief ich die Stufen zum Bauamt hinauf. So, da war es. Einmal tief durchatmen und vor allem: Freundlich bleiben, Maren! Ich klopfte drei Mal hintereinander und öffnete die Tür, ohne abzuwarten.

Ein Mann mittleren Alters, mit Stirnglatze und gelbem Pullunder, sah mich regungslos an.

»Herr Kuhn?« Der Mann nickte. »Mein Name ist Maren Christiansen und es geht um meinen Antrag beziehungsweise dessen Ablehnung.«

»Moin, Frau Christiansen. Ja, was haben Sie denn erwartet? Ich halte mich nur an die Bestimmungen.«

»Was spricht denn gegen eine Nutzungsänderung der Scheune? Sie haben mir keine Gründe dafür genannt.«

»Sie können froh sein, dass ich Ihnen kein

Bußgeld auferlegt habe. Das haben Sie Ihrer Cousine zu verdanken, denn angedroht hatte ich es bereits.«

»Was? Bußgeld? Wieso? Das verstehe ich nicht.«

»Frau Christiansen, mit Bußgeld geahndet werden kann, wenn die Unterlagen nicht wahrheitsgemäß ausgefüllt werden. Das musste Ihnen doch von Anfang an klar sein.«

»Können Sie jetzt mal sagen, was hier Sache ist? Ich habe keinen blassen Schimmer, was Sie meinen.«

»Sie haben eine Nutzungsänderung für eine Scheune beantragt, die für ein Café, diverse Künstlerateliers und als Ausstellungsfläche genutzt werden soll. Das wäre alles in allem überhaupt kein Problem gewesen.«

»Ja, und wo ist dann das Problem, bitteschön?«

»Ihr eigentliches Vorhaben hätten wir nie genehmigt, weshalb Sie mir dieses ja auch bewusst unterschlagen haben.«

»Herr Kuhn, bitte. Kommen Sie doch jetzt mal zum Punkt. Was meinen Sie mit *eigentlichem Vorhaben*?«

»Der beabsichtigte Umbau des Galeriegeschosses zu Ferienwohnungen. Aber davon haben Sie aus gutem Grund nichts in Ihrem Bauantrag erwähnt, weil Sie wussten, dass das niemals genehmigt würde.«

»Welche Ferienwohnungen?«

»Ach, kommen Sie, Frau Christiansen. Sie können vom Glück reden, dass Ihre Cousine Sie vor einer großen Dummheit bewahrt hat. Sie wollte nicht, dass, wenn das irgendwann rauskäme, der ganze Umbau wieder zurückgebaut werden müsse und Sie mit einer Anzeige zu rechnen hätten.«

»Äh, Herr Kuhn, ich verstehe noch immer nur

Bahnhof. Also noch mal ganz langsam. Ich will überhaupt keine Ferienwohnungen, sonst hätte ich die ja beantragt.«

»Aber das haben Sie doch! Und deshalb ist der Ablehnungsbescheid erfolgt.«

So langsam hatte ich die Schnauze gestrichen voll.

»Ich habe einen Bauantrag gestellt. Und da steht nichts von Ferienwohnungen«, sagte ich langsam zum Mitschreiben.

»Richtig, in dem ersten nicht. Aber in Ihrem zweiten.«

»In welchem *zweiten* denn?« Meine Stimme wurde jetzt lauter.

»Nachdem Ihre Cousine die geplanten Ferienwohnungen erwähnt hat, und dass sie Sie vor einem großen Fehler bewahren wolle, habe ich ihr empfohlen, einen zweiten Antrag nachzureichen. Damit kann man Ihnen zumindest keine Absicht, sondern allenfalls eine Nachlässigkeit unterstellen.«

»Also, Herr Kuhn, so langsam werde ich wirklich sauer. Ich habe keinen zweiten Antrag gestellt und ich hatte nie vor, Ferienwohnungen zu errichten.«

»Doch, doch. Augenblick ... ah ... da ist er ja. Hier.« Herr Kuhn reichte mir ein Formular. »Das ist der zweite Antrag.« Triumphierend sah er mich an.

Da stand mein Name, meine Adresse, die Anschrift der Scheune und ... eine Unterschrift. Ich musste zweimal hinsehen.

»Das ist nicht meine Unterschrift.« Verärgert warf ich das Formular auf seinen Tisch.

»Aber das Formular hat mir Ihre Cousine persönlich gebracht und noch gesagt, dass Sie sich für mein Entgegenkommen bedanken.« Er verglich die Unterschriften beider Anträge.

»Nein, ich habe dieses Formular noch nie vorher gesehen und somit auch nicht unterzeichnet. Das wird Konsequenzen haben.«

Jetzt wurde Kuhn bleich. »Aber Frau Christiansen, ich wollte Ihnen doch nur helfen. Ich dachte, das habe alles seine Ordnung, weil ich Ihre Cousine doch schon so lange kenne.«

»Sie sagten doch, dass der erste Antrag problemlos genehmigt worden wäre?«

Er nickte heftig.

Resolut verschränkte ich die Arme vor der Brust. »Also dann, bitte. Genehmigen Sie, und dann ist das Thema für mich erledigt.« Herr Kuhn sah mich an. Ich merkte, wie es in seinem Kopf regelrecht ratterte.

18

»Da bist du ja endlich.« Nele lehnte an ihrem weißen Kombi. »Mir wird langsam kalt. Was hast du da?«

»Das ist die Baugenehmigung.« Ich konnte dieses Wort nicht mehr hören.

»Aber das ist ja grooßartig! Jetzt kann es losgehen. Mensch Maren, ich freu mich so.«

»Mmh.«

»Oh, bitte nicht so begeistert. Was ist denn los mit dir?«

Regungslos erzählte ich von dem Gespräch im Bauamt. Was sich da vorhin ereignet hatte, drang erst jetzt so richtig zu mir durch und mir wurde schwindelig. Um nicht den Halt zu verlieren, lehnte auch ich mich am Auto an.

Nele legte einen Arm um meine Schulter. »So ein Miststück! Aber das wundert mich gar nicht.«

Entsetzt sah ich sie an, denn mich wunderte das Ganze schon sehr.

»Naja, ich traue Karen schon eine Weile nicht mehr. Ich habe ja nie so viel mit ihr zu tun gehabt, aber irgendwann hat sie mich angesprochen. Sie hat mir erzählt, dass du dich an Tom rangemacht hättest, obwohl er eine Freundin hat und du mit Henrik zusammen bist. Und jedes Mal, wenn ich ihr danach begegnet bin, hat sie gesagt, dass sie zufällig dich und Nils irgendwo gesehen habe. Ich müsse mir aber keine Sorgen machen, die Situation sei nicht eindeutig gewesen. Aber damit hatte sie schon Misstrauen gesät.«

»WAS? Ich habe mich noch nie irgendwo mit deinem Mann getroffen!«

»Jaja, das weiß ich inzwischen ja auch. Aber das war kurz nach dem Brand und da war ich ja sowieso nicht gut auf dich zu sprechen. Und vorher war da immer diese Flirterei mit Henrik und Tom. Irgendwann mal hatte ich beim Putzen im Café einen Zettel von dir gefunden, der unter die Sitzbank gerutscht war. Auf dem waren lauter gemalte Herzchen und dann stand da noch: *Zum Teufel mit Frau Doktor*. Ich hatte mir erst nicht allzu viel dabei gedacht, aber nachdem Karen erzählt hat, dass sie dich mit Nils gesehen hat, habe ich mich wieder an den Zettel erinnert und war überzeugt, dass du auch mit ihm ein Verhältnis hast.«

Unfähig etwas zu sagen, konnte ich Nele nur fassungslos anstarren.

»Und Nils ist zu der Zeit auch viel unterwegs gewesen und wir haben kaum noch miteinander gesprochen.«

»Aber mit *Frau Doktor* habe ich doch nicht dich gemeint. Das war Toms Freundin und das habe ich nur so hingekritzelt.«

»Ja, ich erinnere mich. Du hast mal erwähnt, dass sie Ärztin ist. Aber als du das erste Mal im *Petit Café* warst, hast du mich auch Frau Doktor genannt, weißt du noch? Naja, inzwischen hat sich ja alles geklärt, auch mit Nils. Er war natürlich richtig sauer auf mich, weil ich ihm misstraut habe. Na, und vor allem stinksauer auf Karen.«

»Habt ihr sie denn nicht zur Rede gestellt?«

»Nein, im Grunde weiß ich es erst seit ein paar Tagen und da war ich zu sehr in Rage. So eine intrigante Kuh!«

Nach diesen ganzen Offenbarungen fühlte ich mich so benebelt, dass ich überhaupt keine Lust mehr auf eine Scheunenbesichtigung hatte. Am liebsten wäre ich auf der Stelle zu Karen gefahren, aber jetzt war sie noch in der Kanzlei.

Nele hakte sich bei mir unter und zog mich zum Scheunentor. »Los, komm, wir lassen uns von dieser blöden Ziege nicht den Tag vermiesen. Wir haben doch nun wirklich Grund zum Feiern.« Sie zauberte einen Piccolo und zwei Sektgläser aus ihrer Manteltasche. »Der hier wird deinen Kreislauf wieder in Schwung bringen.«

Schweigend schloss ich das massive Tor auf.

Wie erwartet, war Nele regelrecht verzückt, und jetzt war sie es, aus der die kreativen Ideen nur so sprudelten. Im Grunde hätte auch ich glücklich sein müssen, aber der Gedanke an Karen ließ mich nicht los. Das durfte doch gar nicht wahr sein. Das alles sollte Karen eingefädelt haben? Meine Cousine, mit der ich mich immer so gut verstanden hatte? Nein, das konnte ich mir überhaupt nicht vorstellen. Vor allem: warum? Mir fiel beim besten Willen kein Grund ein.

***

»Kann ich dein Auto haben? Ich muss zu Karen.«

Onkel Piet hängte gerade seine Jacke an die Garderobe und nahm die Strickmütze ab.

»Na klar, mien Deern.«

Matt ergriff ich den Autoschlüssel und wollte gehen, aber er packte meinen Arm.

»Was issen nu mit der Baugenehmigung?«

»Die hab ich bekommen.«

»Na, siehste!« Onkel Piet klatschte in die Hände. »Du bist eben 'ne echte Christiansen. Ich hoffe, du hast dem Blödmann ordentlich in den Hintern getreten.« Er sah mich erwartungsvoll an.

»Erzähl ich später. Ich muss los.«

Wenn ich eine *echte* Christiansen war, dann war ja auch klar, wer eine *falsche* war.

Die Dunkelheit hatte sich schon über der Marsch ausgebreitet, und der Nebel wurde immer dichter. Dieses ungemütliche Wetter spiegelte meine Laune wider.

Als ich zu dem schicken Mehrfamilienhaus kam, in dem Karen eine kleine, topmoderne Eigentumswohnung besaß, sah ich, dass sie gerade ihr Cabrio exakt in der Garage positionierte. Nur dieses Mal war mir nicht nach Lachen zumute. Ich parkte schräg vor dem Eingang des Hauses, stieg aus und ging zur Garage.

»Hallo, Karen.«

»Maren, was machst du denn hier? Das ist ja eine schöne Überraschung.«

»Ach ja?«

»Ja, aber wie siehst du denn wieder aus? Ein Besuch beim Friseur könnte dir auch nicht schaden.«

»Meine Frisur ist im Augenblick zweitrangig. Mich interessiert vielmehr meine Baugenehmigung. Die wurde nämlich abgelehnt.«

»Wie bitte? Du hast einen Ablehnungsbescheid bekommen? Das ist ja allerhand.« Karen drückte nervös auf den kleinen Sender in ihrer Hand und das Garagentor schloss sich lautlos. »Gleich morgen früh werde ich bei Herrn Kuhn vorbeigehen. Es wäre doch gelacht, wenn sich da nichts drehen lässt.«

»Ich denke, du hast schon genug *gedreht*.« Emotionslos sah ich sie an und zum ersten Mal fiel mir auf, wie verbittert sie aussah, selbst wenn sie lächelte.

Etwas verunsichert blickte sie mich an. »Das tue ich doch gerne für dich. Ich kümmere mich darum, aber du musst damit rechnen, dass sich die Erteilung der Baugenehmigung durch den zunächst erfolgten Ablehnungsbescheid enorm verzögern wird. Erfahrungsgemäß wird zuerst ein Verfahren eingeleitet, das ...«

»Ach hör doch auf. Was soll das ganze Getue? Warum sabotierst du meine Pläne?«

»Ich weiß nicht, was du meinst, Maren. Hier dauert nun einmal alles länger als in der Großstadt.«

»Karen, ich weiß, dass du hinter der Ablehnung steckst.«

Sie sah mich genau an, als wollte sie prüfen, ob ich möglicherweise nur blufftte. Aber ich hielt ihrem Blick selbstbewusst stand.

»Du hast Kuhn belogen und einen zweiten Antrag gestellt. Er war zwar nur mit *Christiansen* unterschrieben, aber ich habe deine Schrift erkannt. Also hör auf mit dem Theater!«

Jetzt verlor Karen die Fassung. »Ha, und wie willst du das beweisen? Außerdem glaubt dir hier sowieso niemand mehr.«

»Und dafür hast du gesorgt.« Starr sah ich Karen an. »Warum, Karen? Sag es mir! Warum?«

»*Warum*? Fragst du das allen Ernstes?« Karens Blick durchbohrte mich hasserfüllt. »Du hast dir schon immer einfach alles genommen, was du wolltest, und ich stand da und hatte nichts.«

»Ich verstehe nicht, was du meinst?«

»Tom war meine große Liebe damals, aber du hast ihn dir einfach gekrallt und am Ende der Ferien bist du wieder abgehauen. Du hast doch mit Tom nur gespielt.«

»Das stimmt doch überhaupt nicht. Tom und ich waren verliebt, zumindest so, wie das bei einer Dreizehn- und einem Fünfzehnjährigen eben ist. Du warst doch erst elf! Da kann man wohl kaum ernsthaft von Liebe sprechen. In dem Alter ist das doch bloß eine Schwärmerei, ein Spiel, mehr nicht.«

Karen sah mich giftig an. »Für mich war das kein Spiel!«

»Mensch, Karen, wach endlich auf!« Ich packte sie an den Oberarmen und schüttelte sie. »Du bist eine erwachsene Frau. Du kannst doch jetzt nicht ganze Existenzen und Familien zerstören, nur weil du dich als Kind ungerecht behandelt gefühlt hast.«

»Ungerecht behandelt?« Karen schrie mich an. »Ihr habt mich damals weggeschickt und du hast gesagt: *Lass mich mit Tom allein, Mopsi.*«

»Sag mal, spinnst du eigentlich total?« Jetzt schrie ich auch. »Tom war mein Freund. Klar wollte ich mit ihm alleine sein. Alle Jungs waren genervt, weil ich dich immer im Schlepptau hatte.«

»Aber du hast mich immer *Mopsi* genannt. Weißt du, wie weh mir das getan hat?«

»Du hast sie doch nicht mehr alle! Das war ein Spitzname. Schon mal was davon gehört? Du hast mich doch auch immer *Bohnenstange* genannt, das nimmt man doch nicht ernst. So was sind Neckereien unter Kindern.«

»Neckereien? Was glaubst du denn, warum ich auf meine Ernährung achte und so viel Sport treibe?«

»Du bist ja total gestört.« Ich war fassungslos. »Geh zu einem Therapeuten!«

Jetzt lachte Karen hysterisch und hatte dabei etwas Gruseliges in ihrem Blick.

»Ha, dir glaubt doch hier keiner mehr. Es hat dir ja noch nicht mal gereicht, dass das blöde Café abgebrannt ist. Ich dachte, du bleibst in Berlin. Aber nein, die tolle Maren musste ja eine Scheune kaufen für ihr beschissenes *Projekt*. Ihr sollt alle büßen. Du, Tom, Nele, deine ganzen Freunde, alle! Und das ist ganz alleine deine Schuld!«

Ausgelaugt schüttelte ich den Kopf, drehte mich um und ließ sie stehen.

Karen machte blitzschnell einen Satz, griff meinen Hals von hinten und drückte zu. In Panik umfasste ich ihre Handgelenke. Versuchte ihren festen Griff zu lösen. Doch mir fehlte die Kraft. Sie drückte so fest zu, dass ich spürte, wie mein Kehlkopf gegen die Luftröhre gepresst wurde. Ich röchelte.

Urplötzlich ließ Karen los und ich konnte noch sehen, wie sie zu Boden schleuderte. Ich krümmte mich, legte die Hände um meinen Hals und versuchte zu husten. Noch nie hatte ich solche Schmerzen, und noch nie hatte ich eine solche Angst. Karen lag noch immer auf dem Pflaster. Warum stand sie nicht auf? Erst jetzt sah ich, dass Jan da war.

Er legte vorsichtig den Arm um meine Schulter und sah mich besorgt an. »Geht's?«

Schwerfällig nickte ich. Dann rief er die Polizei an. Karen unternahm nicht einmal den Versuch, zu entkommen, sie blieb einfach so liegen.

Alles Weitere bekam ich nur schemenhaft mit. Zwei Polizisten befragten Jan und nahmen Karen anschließend mit. Ein Notarzt untersuchte mich.

»Sie haben Glück gehabt, aber ich würde Sie gerne zur Beobachtung ins Krankenhaus bringen lassen.«

»Nein, ich will nach Hause«, sagte ich schwerfällig. »Ist doch alles gut.«

»So sieht es im Moment aus, aber Kehlkopf und Luftröhre können durch die heftige Strangulation auch später noch anschwellen. Sobald eine Verschlechterung eintritt, müssen Sie sofort ins Krankenhaus und deshalb sollten Sie heute Nacht nicht alleine bleiben.«

Erschöpft nickte ich.

»Komm, ich bringe dich nach Hause.« Jan legte mir seine dicke Jacke um die Schultern, öffnete die Beifahrertür und ließ mich einsteigen. Fürsorglich legte er mir den Gurt um und schloss leise die Autotür. Während der ganzen Fahrt sagte er kein Wort, aber zum ersten Mal, seit wir uns kannten, war ich froh, dass er schwieg.

Zuhause angekommen half er mir beim Aussteigen.

»Jan? Warum bist du eigentlich da gewesen?«

»Ich hatte gestern in Hamburg zu tun und abends bin ich mit Tom verabredet gewesen. Wir sind auf diese Gerüchte über euch zu sprechen gekommen und dabei hat sich herausgestellt, dass du dich überhaupt nicht an ihn rangemacht hast und dass er sich absolut sicher sei, dass du nie etwas mit einem Mann anfangen würdest, der vergeben ist.« Jan rieb sich nachdenklich am Kinn. »Er hält dich für den treuesten und zuverlässigsten Menschen, den er kennt. Vorhin hat dann noch Nele angerufen und von den Gerüchten erzählt, die Karen über dich und Nils verbreitet hat, und von der Schweinerei mit der Baugenehmigung. Da war klar, dass sie dich systematisch zerstören will. Als Nele gesagt hat, dass du Karen zur Rede stellen willst, bin ich sofort losgefahren.«

Mein Mund verzog sich zu einem kleinen Lächeln. Noch nie hatte ich Jan so viel reden hören. Vorsichtig sah ich ihn an. »Das war doch bestimmt nicht alles, was Tom über mich gesagt hat?«

»Nein.« Jan starrte auf den Boden. »Tom sagte, du seist ... sehr süß, aber auch eine kleine, nervige Rotznase.«

»Und du?«, flüsterte ich rau. »Was denkst *du* über mich?«

Jan hob langsam den Kopf und sah mir fest in die Augen. Dieser besondere Blick versetzte mich mit einem Mal in eine völlig andere Welt. Ich spürte nicht einmal mehr die Schmerzen in meiner Kehle, sondern nur noch ein seltsames, aber angenehmes Kribbeln in der Magengrube. Dass Jan attraktiv war, wusste ich, nur hatte es mich bisher nicht weiter interessiert. Vielleicht sahen wir uns stundenlang so an – vielleicht waren es aber auch nur Sekunden. Plötzlich nahm er mein Gesicht in seine warmen Hände und küsste zärtlich meine fragenden Lippen.

19

Zur Eröffnung kamen wirklich alle. Aus Berlin gleich eine ganze Delegation. Elena, Danni und Gerrit rückten gemeinsam an, Sylvie und IT-Olli kamen mit Piercing-Gregor und Caro brachte ihren Mann Andy mit.

Meine Eltern waren extra aus München angereist. Sie waren stolz wie Oskar und strahlten mit Hanni und Hinnerk um die Wette.

Aus Hamburg kam Tom mit seiner Frau Doktor, die nicht nur unglaublich schön, sondern auch wahnsinnig nett und so gar kein »Täubchen« war.

Sogar Henrik schaute noch kurz vorbei, obwohl er schon auf gepackten Taschen saß. Aus den umliegenden Dörfern strömten eine Menge neugieriger Leute herein, unter denen ich viele bekannte Gesichter entdeckte.

Einige Leute aus meiner Blog-Community, die ich bisher nur von Bildern und Videos kannte, kamen aus ganz unterschiedlichen Ecken Deutschlands. Okay, sie kamen nicht nur wegen der Kreativscheune, sondern verbrachten hier schlichtweg ihren Winterurlaub. Aber es war schön, dem einen oder anderen auch mal persönlich zu begegnen.

Onkel Piet genoss das ganze Spektakel sichtlich. Er hatte schon ganz rote Backen von Neles Friesen-Punsch.

Olek fachsimpelte mit Jan über die Fachwerkkonstruktion. Ewa, Paulina und Puppe Anja hatten die gleichen Kleider an und kamen auf mich zu. Paulina hielt mir mit ausgestrecktem Ärmchen ein Biedermeier-Sträußchen entgegen und sagte: »Füa Marinn.«

Elena legte von hinten ihre schlanken Arme um meine Taille. »Gratuliere, Süße! Du hast es endlich geschafft. Das alles hier, das bist du. Und darauf kannst du verdammt stolz sein.«

»Ja, aber echt, Maren.« Danni stellte sich neben uns. »Das ist der absolute Wahnsinn hier. Sag mal, habt ihr eigentlich auch veganen Kuchen?«

Von vorne tänzelte Gerrit rhythmisch auf uns zu. Warum er einen pinken Cowboyhut trug, wusste ich zwar nicht, aber die Lokalpresse war sichtlich fasziniert. Tja, so ein Unikum sah man hier nicht alle Tage.

»Das ist ja alles noch viel toller, als du erzählt hast, Schatje. Ohohoh, ich habe schon wieder einen schönen, starken Mann gesehen. Die haben schon was, diese Friesen. Knurr.« Und weg war er. Von Weitem konnte man nur noch seinen pinken Hut in der Menge auf und ab hüpfen sehen.

Zufrieden setzte ich mich mit einer dampfenden Tasse Punsch auf die Holztreppe zur Galerie. Von hier aus hatte ich einen herrlichen Blick über diese lustige Truppe unter mir. Ich ließ meine Gedanken schweifen. Das waren lauter Menschen, die mir wirklich etwas bedeuteten.

Wenn ich die vergangenen Monate Revue passieren ließ, war das vermutlich das ereignisreichste und verrückteste Jahr meines bisherigen Lebens gewesen. Ich hatte so viele Höhen und Tiefen erlebt, dass es für Jahre reichte, und doch wollte ich es um nichts auf der Welt missen. Vor allem hatte ich eine ganze Menge gelernt und irgendwie freute ich mich schon auf die nächste Herausforderung.

Nele kam die Treppe herauf und setzte sich neben mich. »Und? Ist jetzt alles so geworden, wie du es dir vorgestellt hast?«

»Oh, ja. Genau so musste die Scheune aussehen. Und was ist mit dir? Bist du auch zufrieden mit deinem neuen *Petit Café*?«

»Na, aber hallo! Das ist alles noch viel schöner und besser. Und der neue Kaffeeautomat ist ein Traum. Endlich mal einer ganz ohne Macken.« Nele verzog ihren Mund zu einem schiefen Lächeln. »Eigentlich müsste ich Karen dankbar sein.«

»Bitte? Ich hör wohl nicht richtig?«

»Die Polizei hat mich vorhin angerufen ... wegen der Brandstiftung.«

Entsetzt sah ich sie an. »Das glaub ich jetzt nicht! Du willst mir doch nicht erzählen, dass Karen ...«

Nele nickte. »Doch, Maren. Sie hat sogar schon gestanden.«

»Und ich dachte, es sei einer dieser ach so frustrierten Jugendlichen gewesen, die hier in der Gegend ständig irgendwelche Heuballen anzünden.« Fassungslos schüttelte ich den Kopf. »Ich begreife es nicht. Wie kann man nur so gestört sein?«

»Oh, *damit* wird sie wohl nicht wegkommen. Der Polizist meinte auch, dass offensichtlich alles für *Vorsatz* spreche. Er glaubt nicht, dass sie sich auf verminderte Schuldfähigkeit berufen könne. Naja, ist doch auch egal. Hauptsache es hat sich alles geklärt.«

»Aber ein Schock ist das schon. Meine Cousine. Ich kann es gar nicht glauben.«

»Na, komm schon, du hast ja wohl am eigenen Leib erfahren, wozu Karen fähig ist.«

In diesem Moment drang ein lautes »*Yee-haw*!« von unten herauf und wir sahen Pink-Cowboy Gerrit pantomimisch Lasso werfen. Bei dieser urkomischen Darbietung prusteten wir beide los.

»Der Typ ist zu witzig.« Glucksend überreichte mir Nele eine bunte Geschenkschachtel. »Hier, für dich.«

Überrascht sah ich sie an. »Huch? Womit habe ich denn das verdient?«

Nele drückte mich und gab mir einen herzhaften Schmatz auf die Wange. »Weil du die beste Freundin bist, die man sich vorstellen kann. Ach, und weil ich mir keine bessere Schwägerin wünschen kann.« Schelmisch grinste sie mich an.

»Das hat ja wohl noch ein bisschen Zeit.«

»Bitte! Ich will so gerne eure Hochzeit ausrichten, und wie ich meinen Bruder kenne, kann es ihm nicht schnell genug gehen.«

»Tja, wer hätte das gedacht, wo ich doch eine *schnelle Großstadtfrau* bin, wie du mich so schön genannt hast.«

»Also *mir* war schon lange klar, dass Jan auf dich steht.«

»WAS? Wieso das denn?« Erstaunt sah ich sie an. »Du hast doch gesagt, er könne nichts mit Touristinnen aus der Stadt anfangen, und dass er was Bodenständiges brauche.«

Nele hob die Schultern. »Du bist doch schon lange keine Touristin mehr, und du bist so was von bodenständig. Aber hallo! Außerdem war er bei eurer ersten Begegnung dermaßen abweisend, dass es förmlich nach Selbstschutz roch. Da wusste ich, dass du ihm gefällst.«

»Tolle Freundin! Warum hast du denn nichts gesagt?«

»Warum hätte ich das tun sollen? Du warst doch sowieso nicht interessiert und es hat so einen Mordsspaß gemacht, dich damit aufzuziehen. Du hast dich immer so schön aufgeregt.« Nele kicherte.

»Also weißte.« Kopfschüttelnd hob ich endlich den Deckel von der Schachtel. »Oh, eine Milchkaffeeschale – und sogar mit meinem Namen drauf. Ist die schön! Vielen, vielen Dank.«

»Die hab ich aus Kopenhagen mitgebracht.« Nele knuffte mir ihren Ellenbogen in die Seite. Jetzt drückte ich ihr einen dicken Knutscher auf die Wange.

»Hallo, hallo! So geht das aber nicht.« Jan stand vor uns auf der Treppe. »Küsse gehen ausschließlich an meine Adresse.«

Er zog mich hoch, ich gab ihm einen flüchtigen Kuss und wir liefen lachend die Stufen hinunter.

»Ach! Maren?«

Wir drehten uns zu Nele um.

Sie zwinkerte mir zu. »Was hältst du eigentlich von *Petit Pique-nique*-Hochzeitskörben?«

ENDE

Manuela Ross
Nach vielen Jahren in Berlin und im Schwabenland lebt die gebürtige Rheinländerin mit ihrer Familie an der Nordsee. Ihr Debütroman *Marschlandung* über die chaotisch-sympathische Maren gewährt liebe- und humorvolle Einblicke in das Leben zwischen hektischer Großstadt und der vermeintlichen Einöde Nordfrieslands.